블록체인 이해와

Understanding Block Chain & Cryptocurrency

암호화폐

책을 만들며

우리나라는 3차 산업혁명의 최대 수혜자이며, 강국임을 의심할 사람은 아무도 없을 것이다. 지금 대한민국은 4차 산업의 디지털 네트워크 정보통신망의 혁신적인 개혁을 모르는 것이 아니라 40대, 50대가 배우려 하지 않는다. 대부분 20대, 30대 젊은 친구들은 변화 혁명이 어떻게 오는지 잘 알고 있다. 혁명의 무엇인가를 배우고 깨우치고 실천하는데 책을 만드는 목적이 있다.

무엇이

블록체인이 하나의 묶음단위로 이어지는 디지털화망으로 얽어진 정보나 데이터를 암호화하여 참여자들이 공유, 연결, 거래, 교환의 분산처리를 단순하게 만든 일종의 플랫폼이다. 정보의 데이터화는 원유이며 석유이다.

블록체인은 모든 거래 내력을 블록단위로 저장되고 최초의 블록에서 현재 블록까지 한 번 생성된 블록은 변경되거나 삭제되지 않는다. 또한 블록체인은 '분산원장Distributed Ledger'이라 부른다. 또한 개인과 개인, 기업과 기업, 직접 연결되는 분산원장 구조로 데이터를 공유하고 관리한다.

어떻게

제2의 인터넷 혁명인 블록체인을 알아야 한다.

최근 한국사회에 이슈가 되고 있는 비트코인은 블록체인의 단순한 기술로 접목된 서비스가치와 혜택을 부여하는 최초로 등장한 암호화 단일화폐이다.

암호화폐인 비트코인은 나이키나 코카콜라처럼 탁월한 브랜드이다. 브랜드 가치는 매출대비 순이익, 이익금 사회복지 투자, 지역경제 활성화, 사회적 기업으로 환원 및 투자, 경영이념의 실현, 도덕적 수준 등에 의해 결정된다. 암호화폐 트랜드가 일반화 될 것이라고 예측하는 이유는 블록체인의 최첨단 기술을 기반으로 한, 사회 전반에 영향을 미치는 블록체인 기술의 적용은 삶의 보편적 가치에 직결되는 금융 산업의 민주화, 자산의 가치의 변화와 변동, 자본시장의 자유화를 통하여 블록체인 기술은 발전되어 갈 것이다. 그리고 암호화폐는 당사자 간 거래에 의해 이루어지는 자산이며 서비스이다. 보물과 같은 것들이 희소성 가치를 부여하는 것으로 서로 사회적 합의에 의해 이루어지는 거래이며 교환이다.

블록체인이 사람들에게 회자되고 확산되기 시작한 것은 2016년부터이다. 기업은 적응 및 응용단계를 넘어 일상의 변화에 특화되고 상용화 되고 있다.

인터넷 정보를 전자화한 디지털화폐의 등장은 블록체인 첨단기술을 기반으로 한 암호화폐의 일종인 비트코인 시장은 4차 산업혁명 시대의 마천루摩天樓가 될 것이다. 일상생활 정보데이터가 새롭게 디자인된 지식의 묶은 단위가 전자숫자로 기록되는 것이 디지털사회이며 이는 글로벌 사회경제 질서의 변화이며 신선한 충격이다. 기업에게는 새로운 성장의 기회, 개인과 사회 전반에는 새로운 편의성과 삶의 혁신을 제공할 것이다.

이 책은 블록체인 전문가를 위한 책이 아니다. 블록체인이란 개념을 이해시키고 다수의 대중을 위해 '필요한 만큼' '쉽고 단순하게' 설명하는데 중점을 두었다.

　다소 이해하기 어려운 내용은 인터넷 자료를 검색하고 저자의 주관적 지식을 첨가하여 설명을 쉽게 하였다. 최대한 독자들이 편하게 읽을 수 있도록 분석·요약·정리하였다. 암호화폐 시장의 과도기적 변곡현상들이 사실이 왜곡되거나 부실한 면이 많이 있었다. 본 서의 내용은 국내에서 발간된 서적들을 참고하였으며, 크라우드 내용들을 기초로 책을 쓰고자 노력하였다.

　요즘 활성화 되고 있는 미국, 일본, 한국, 중국의 암호화폐 거래가 발전되어가는 내용을 조심스럽게 접근하였다. 결국 블록체인 기술은 콘텐츠의 새로운 형태의 플랫폼의 변화이며, 금융 산업의 개혁이고 자본과 자산의 자유로운 이동은 마케팅과 직결된 새로운 가치, 혜택을 포함한 서비스의 시간, 공간이 중요시 되는 비즈니스 사업 모델의 등장으로 혁명적인 창조적 가치는 인류의 삶에 건강, 교육, 복지를 위해 국가는 모든 이들의 평등한 행복을 위해 생태환경을 구축하고 조직체를 만들어가는 중요한 핵심의 요소가 되어야 한다.

　블록체인은 컴퓨터 연결, 공유, 거래이며 교환수단이다. 블록체인에 의해 만들어진 암호화폐 중 하나인 비트코인은 생산적 투자와 탐욕적 투기가 될 수 있다. 블록체인은 4차 산업혁명시대에 접어들면서 글로벌 국가들의 앞 다투어 기술개발을 선점하는데 온 힘을 기울이는데 전력을 다하고 있다. 우리나라도 IT강국이라 하지만 블록체인 기술개발시대에는 뒤처지는 실정에 처해 있다.

비트코인은 법적인 보호없이 소유자들 간의 전 세계 누구와도 거래할 수 있는 암호화폐의 일종으로 최초의 단일화폐이다. 비트코인은 신뢰를 바탕으로 익명성이 보장되고 위·변조 해킹으로부터 보호·안전하며, 근본적인 삶의 생활수단의 보호 화폐로 발전한다는 것은 의심할 여지가 없다.

사람의 심리는 공들여 얻은 것에는 애착이 더한 법이다. 싸고 좋은 물건은 없다. 좋고 싼 물건은 있다. 그것은 도덕적 양심이며 정의일 것이다.

인간은 누구나 각자 해석하고 인식하는 만큼 살아간다.

서로 다른 책에서 중요한 내용들을 발췌, 정리하고 기록된 것을 복잡함에서 단순화 하여 만드는 과정은 무한한 끈기와 인내가 필요한 작업이었다.

이 책의 구성은 4부 17장으로 블록체인 이해와 암호화폐 활용할 수 있도록 구성하였으며 대학에서는 교양과목으로 사용할 수 있도록 각 장별 파워포인트 자료로 활용할 수 있도록 요약하였다. 일반 독자에게는 시사성 있는 주요 내용들을 간간히 수록하였으며, 블록체인과 암호화폐를 연구하는 이들에게는 출처를 명확히 하였다.

블록체인!

블록체인 21세기 인터넷에서 디지털네트워크 정보망의 구축으로 산업사회 전반에 혁명적인 변화로 최근 각 나라별 가장 뜨거운 화두는 제2의 인터넷 블록체인 기술이다. 블록체인의 기반에 있는 암호화폐는 최근에 와서 뜨거웠던 열기는 다소 주춤하고 과도기적 변곡 현상을 보이고 있다.

그렇다. 저자의 주변에도 블록체인을 모르고 암호화폐의 비트코인에 투자하여 흥망성쇄의 경험을 한 유저들이 많이 있다. 블록체인은 암호화폐를 생산해 내는 기술만이 아니다. 다양한 산업에의 혁신과 개혁의 변화를 만들어낼 기술이다.

블록체인은 기술과 기술 간의 가교라 할 수 있으며, 사람과 사람간의 네트워크를 통한 새로운 정보를 결합하는 것이 블록체인이라 할 수 있다.

이 책을 통하여 암호화폐 혁명에 함께 이해할 수 있는 기회가 되었으면 한다. 암호화폐가 추구하는 목적은 금융의 자유화와 민주화에 기반을 두고 있다. 정부와 공공기업의 관리비용을 절감하여 복지혜택에 부여하고, 투자기업에게는 투자하기 쉽고 새로운 이윤을 창출하는 환경을 구축하고, 소상공인, 향토기업, 골목상권, 전통시장의 수수료 절감효과를 가져 올 수 있다. 그리고 지하경제26.7%를 활성화시켜 나아갈 수 있다.

동남아에서는 암호화폐 거래를 아직 일반 개인투자가의 투기 영역으로 보는 경향이 있다. 유럽이나 미국에서는 기관투자들이 암호화폐를 자산의 가치로 암호화폐 거래소가 점차 확산되고 있으며 예측 불가능한 새로운 시장으로 형성되어 가고 있다.

이 책은 여러 도서를 참고하여 인용하였으며 독자들에게 정말 쉽게 이해를 높이는데 국내서적, 인터넷 등의 신선하고 새로운 정보자료를 참고하였다. 특히 이 책이 나오기까지 더운 여름날 시원한 장소와 독지가의 협조로 地山자락의 뜨거운 열정 아래 저자들의 언어가 몸짓으로 승화되고 채화된 문장들이 우리의 글쓰기를 조심스럽게 마무리 할 수 있었다. 모든 것들이 함몰된 상태에서 자아실현의 기회이며 책을 정리할 수 있는 자신감의 회복이며 믿기 어려운 농축된 에너지의 부활이었다. 영롱한 햇살속의 뜨거웠던 2018년 여름은 나에게는 무한한 행복이며, 소중한 추억들의 기록이고, 기억됨은 기쁨의 열정이며 흥분이었다. 매력이 없어 보이는 블록체인기술이라는 전문적인 영역을 아름답게 마무리 할 수 있는 용기와 열정을 주신 모든 이들의 후덕함에 고마운 마음을 전함이다.

여기에 오기까지 버팀목이 되고 디딤돌이 되어준 소중한 식구들에게 겸손한 마음으로 고마움희열을 함께 나누고 싶습니다.

2018. 10

地山자락 기운을 받아 공동 저자의 첫 걸음이며 출발이다.

저자 씀

Contents

🏛 PART 02 **암호화폐**ICO**의 비밀**

블록체인 이해와 암호화폐

BLOCK CHAIN

PART 01

BLOCK CHAIN

블록체인Block Chain의 세계

블록체인의 개념을 토대로 제2의 인터넷 활성화 속에 금융 산업의 민주화, 자산의 자유로운 이동, 자본주의 시장의 자유화, 블록체인과 4차 산업의 기술혁명으로 새로운 인터넷 발전 교육, 회계, 물류, 보험, 보안 등에 활용, 탈중앙통제, 분산처리 서비스 등을 가져오고 있다. 다소 미숙한 기술과 미흡한 쇼프트웨어 문제점에 대한 블록체인 기술은 정부나 공공영역에 어떻게 적용될 수 있는가 하는 저자의 숙제이기도 하다. 블록체인 기술은 콘텐츠화, 비즈니스 사업의 기반을 둔 기술의 발달된 경영적 측면에서 혁신과 창조를 더욱 가속화시킬 것이다.

블록체인Block Chain이란
무엇인가?

블록체인은 '체인Chain'으로 구성된 '블록Block'을 의미한다. 모든 거래 내역은 블록 단위로 저장되고 각각의 블록은 체인으로 서로 연결이 되어 있다. 최초 블록부터 현재 블록까지 한번 생성된 블록은 변경되거나 삭제되지 않는다. 또한 블록체인은 '분산원장Distributed Ledger'이라 부른다. 또한 개인과 개인이 직접 연결되는 P2PPeer to Peer 네트워크 형식의 '분산원장' 구조로 데이터를 공유하는 기술이다.

최근에는 블록체인 기술에 착안하여 여러 연구와 개발이 진행되고 있다. 다양한 산업분야 연구개발에 있어 탈중앙화 금융 분야에 두드러지게 나타나고 있다.

최근 암호화폐의 일종인 비트코인Bitcoin, 알트코인Altcoin: 비트코인을 제외한 암호화폐를 총칭을 개발하거나 투표, 금융, 건강, 보험, 인공지능 활용 공유사업 및 엔터테인먼트 등 온갖 분야에 블록체인을 응용하려는 움직임이 가속화하고 있으며 각국 정부와 중앙은행에서도 독자적인 암호화폐를 개발하려는 움직임을 보이고 있다.

블록체인Block Chain은 P2PPeer to Peer 네트워크를 활용한 분산 데이터베이스의 하나로 암호화폐 거래 내역을 기록하는 장부이다. 공공의 거래 장부는 공개로 관리한다는 뜻이다.

암호화폐인 비트코인은 거래요청이 발생할 때 마다 분산되어 있는 블록 데이터들을 모아서 검증하고 승인이 이루어진다. 따라서 거래 장부를 보고 이상 없으면 승인이 이루어지는 것과 같은 이치입니다.

블록체인의 개념과 특징

개념

블록체인은 '블록Block'으로 구성된 '체인Chain'을 의미한다. 또한 블록체인은 '분산원Distributed Ledger'이라 부른다. 새로운 비스니스 거래와 계약에 대한 기록 체계를 '원장'이라고 하는데, 이러한 원장이 중앙 집중적인 한 기관이 독점적으로 보유하는 것이 아니라, 중앙 서버 없이 모든 참여자는 모든 거래 정보를 똑같이 분산해서 저장한다. 그리기 때문에 '분산원장 기록' 하는 것들이 블록체인에 있어서 중요한 개념이다.

🔲 **블록체인의 특징**

🎒 특징

　블록체인의 가장 큰 특징은 신뢰성 보장, 투명한 정보공유, 거래비용 감소, 위·변조 불가능을 통하여 사용자 간의 신뢰를 요구하고 데이터자료 등에 의존도를 낮추고 거래에 수반되는 시간과 비용을 절감하여 다양한 형태의 거래관계를 위·변조 불가한 방식으로 정보를 저장한다는 점의 특징이다.

블록체인의 형성 과정

블록체인이 형성되는 과정은 다음과 같다. 첫 번째 단계는 이중지불의 위험이 없는 거래 정보나 기록을 모아 유효한 개별 블록을 형성하는 '채굴Mining'이라는 과정이다. 이 과정에서 일정한 해시Hash 알고리즘을 통해 특정한 난이도의 해시 값을 생성해 낸다. 이때 해시 값이란, 데이터를 고유하게 식별하는 고정 길이 숫자 값 정도로 이해하면 된다. 채굴을 통해 '목표 값'을 먼저 찾아내는 사람은 블록생성 권한을 획득하게 된다. 두 번째는 생성된 후로 블록이 전체 네트워크 참여자들에게 전달돼 51% 이상 참여자들의 동의를 거쳐 유효성이 확인되면 후보 블록은 이전 블록과 체인으로 연결되어 '블록체인 원장'을 완성하게 된다.

블록Block의 의미

🪙 블록체인Block Chain의 블록Block이란 무엇일까?

블록체인은 분산시스템이 무결성을 확보하게 해주는 도구다. 따라서 구현계층의 비기능적 측면을 성취하게 해주는 도구로 볼 수 있다.

이로써, 일종의 데이터 패킷으로 몇 가지 정보를 담고 있는데 각각의 블록은 바로 전 블록의 해시Hash 값을 담고 있으며, 이렇게 이어진 블록들은 이체 내역을 저장하고 있는 하나의 블록체인을 형성한다. 각 블록은 최대 1MB까지 확장이 가능하며 헤더 89바이트, 기타 17바이트를 제외한 총 1,048,479바이트가 이체내역 저장을 위해 사용된다. 블록체인의 블록은 생성하는 과정을 채굴Mining이라고 한다.

출처 : 이용갑, 비트코인 경제학, 2017. 12

우리나라에서는 산업별로 구분하여 분류하고 있다. 블록체인 기술 산업의 세부 분류체계에 포함하는 작업을 잠정적으로 작성하고 있다. 우리나라의 산업분류 체계 분류표가 다음과 같다.

KSIC 중분류별 "블록체인기술산업" 세부 분류체계

분류코드	분류명칭
581	소프트웨어 개발 및 공급업
58211-1	블록체인 기반 유선 온라인 게임 소프트웨어 개발 공급업
58212-1	블록체인 기반 모바일 게임 소프트웨어 개발 및 공급업
58221-1	블록체인 기반 시스템 소프트웨어 개발 및 공급업
58222-1	블록체인 기반 응용 소프트웨어 개발 및 공급업
620	컴퓨터 프로그래밍, 시스템 통합 및 관리업
62010-1	블록체인 기반 컴퓨터 프로그래밍 서비스업
62021-1	블록체인 기반 컴퓨터 시스템 통합 자문 및 구축 서비스업
62090-1	블록체인 기술 관련 기타 정보기술 및 컴퓨터 운영 서비스업
63	정보서비스업
63112-1	블록체인 기술 관련 호스팅 서비스업
63999-1	블록체인 기반 암호화 자산 매매 및 중개업
63999-2	블록체인 기술 관련 기타 정보서비스업

출처 : 통계청(2018. 7)

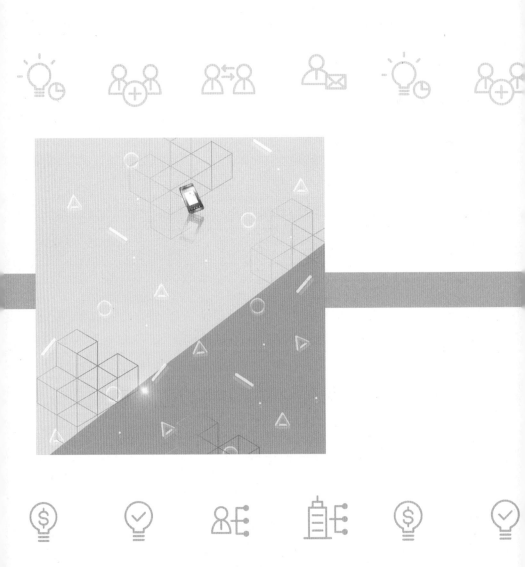

CHAPTER 01

블록체인은 제2의 인터넷

블록체인은 제2의 인터넷 시대로 불가역적인 새로운 컴퓨터 시대가 올 것이다. 정치·경제·문화·복지사회 모든 새로운 분야에서 정부·공공기관 및 기업이나 개인들의 새로운 기술개발 움직임에 있어 학계, 기업, 경제학자들로 이루어진 새로운 커뮤니티가 암호화폐의 기반인 블록체인 기술의 제4차 산업시대 최고의 산업에 적용하려고 노력하고 있다.

블록체인은 네트워크를 활용해 거래 내역을 사용자들의 컴퓨터에 저장되며, 블록체인의 핵심기술을 기반으로 10분마다 사용자들의 거래 장부를 데이터와 일치하는 거래 내역만 정상 거래 장부로 과반수가 인정하는 방식으로 익명성·보안성·안정성·편리성·희귀성을 장점으로 보고 있다.

블록체인의 제2의 인터넷

블록체인은 개인과 개인이 직접 연결되는 P2PPeer to Peer 네트워크를 활용한 분산데이터베이스로 하나로 암호화폐 거래 내역을 기록하는 장부다. 그 중 과반수 이상의 데이터와 일치하는 거래 내역만 정상 장부로 인정하는 방식으로 보안성, 안정성을 중요시 한다.

분산 데이터베이스란 데이터를 물리적으로 분산시켜 다수의 이용자가 대규모의 데이터베이스를 공유하게 만드는 기술이다. 비트코인의 경우 10분 정도마다 사용자들의 거래 장부를 검사해 해당 시간 내의 거래 내역을 한 블록으로 묶는다. 새로운 거래 내역을 담은 블록이 만들어지면 앞의 블록 뒤에

덧붙이는 과정이 반복된다. 이때의 블록체인Block chain은 거래자의 이름과 거래내역을 연결Chain했다는 뜻이다.

거래 사용자는 블록체인 사본을 가지고 있으며 사용자 과반수 이상의 데이터와 일치하는 거래 내역만 인정하며 자동적으로 묶어진 블록만의 영구 보관하는 영구성이 있다.

블록체인 방식은 거래 내역을 중앙서버에 저장하는 일반적인 금융기관과는 달리, 비트코인을 사용하는 모든 사람은 컴퓨터에 입력되며 모든 거래 장부내역의 공개함으로서 사용자

🔳 국가별 블록체인과 암호화폐

가 사본을 가지고 있으므로 위조를 방지 할 수 있다. 특히 블록체인은 신용이 필요한 금융거래 등의 서비스로 중앙통제시스템에서 벗어난탈중앙통제 개인 간의 거래가 가능한 시스템이다. 향후 대표적인 핀테크FinTech기술로 비트코인 이외의 다른 온라인 금융거래에 활용될 가능성도 매우 높을 것으로 본다.

블록체인의 다양성

블록체인은 정치·경제·문화·복지사회 모든 새로운 분야에서 정부·공공기관 및 기업이나 개인들의 새로운 기술개발 움직임에 있다. 이로써 학계, 기업, 경제학자들로 이루어진 새로운 커뮤니티가 암호화폐의 기반인 블록체인 기술의 제4차 산업시대 최고의 산업에 적용하려고 노력하고 있다. 미래에 적용될 기술은 지금보다 더 다양하고 강력한 영향력을 행사할 것으로 본다. 이러한 노력이 다양한 산업 기술개발을 활용한 인간의 궁극적인 가치와 혜택의 욕구를 달성하고자 하는데 있을 것이다.

인간의 욕구 중 사회가치에 해당하는 삶의 질의 향상을 두고 그 의미를 부여한다. 인간의 삶을 스스로 결정하고 사회와 경제에 주체적으로 참여할 수 있는 것도 중요하다고 본다. 이에 블록체인은 보안성과 투명성에 근간으로 신뢰와 익명성을 보장된 기록된 내용들이 분산 처리하는 기술에 있다.

블록체인의 금융시장의 위협

글로벌 경제에서 블록체인 기술이 전통적인 금융시장과 서비스에 위협을 줄 것이다. 앞으로 금융 산업은 변화와 파괴, 혁명이 이루어질 것이다.

이에 금융 산업의 민주화 자본시장의 자유화, 자산이 자유로운 이동 등 금융 산업 및 사회 전반에 경쟁과 혁신을 가져올 수 밖에 없다. 좋든 실든 이것이 부정할 수 없는 현실이다.

인터넷은 우리의 통신서비스가 기하급수적으로 증가시켰다. 암호화폐는 다른 사람들과의 거래 빈도를 기하급수적으로 증가시킬 것이다 라고 주장하는 학자들도 있다. 반면, 라스트코인에서는 암호화폐가 물리적인 실체가 없이 디지털 장부에 기록된 숫자에 불과하다. 본질 적으로 0과 1로 이루어진 일련이 코드라고 주장하는 학자와 세계적인 투자자들도 비트코인과 같은 암호화폐에 투자하는 것이 상당히 무서운 시장에 진입하는 것이라고 표현을 하기도 한다.

출처 : 함정수·송준의, 라스트코인, 2018. 7

시사점 Current Affairs

블록체인과 4차 산업혁명

블록체인의 다양성

금융산업의 민주화

자산의 자유로운 이동

자본주의 시장의 자유화

GAFA시장의 변화와 혁신

블록체인의 시장

세계는 인터넷 시대를 거쳐 블록체인의 시대가 접어들면서 많은 투자자들이 관심을 가지고 있다. 글로벌 최대 규모의 상장지수펀드ETF; Exchange Traded Funds 운용사인 블랙록가 블록체인 시장에 진입했다. 블랙록에 따르면 회사에 블록체인에 대한 연구진을 꾸려 암호화폐 시장의 생태계에 대한 연구와 투자를 분석하고 있다고 한다. 이 연구팀에는 이미 유명한 투자 전문가들도 참여하여 그 전문성을 더해주고 있다고 한다. 블랙록에서는 암호화폐 시장이 성숙해감에 따라 미래의 암호화폐 시장의 가능성이 지금보다 더욱 더 커질 것으로 예견하고 있다.

다만, 현재는 블록체인 기술 등이 세계에 보급되고 있는 초기 시장이라고 보이기에 많은 위험성이 내포되어 있다고 제언을 하고 있다. 이 같은 리스크를 각오하여 사람들만이 투자자로써 접근을 해야 한다고 조심스럽게 말하기도 한다. 블록체인 기술은 이미 물류와 통신 의약품 금융서비스 등 여러 가지 업계의 다양한 활용 가능성을 제시하고 있다.

실제로 중국에서도 이를 이용한 다양한 방식의 기술을 채택하여 연구하고 적용시키려 노력하고 있는 중이다. 하지만 암호화 기술과 블록체인 기술적인 부분에 대한 투자와 연구 그리고 이해가 필요한 부분을 너무 과장된 거품으로 그 가치를 파악하려고 하면 위험할 수도 있다는 전언이다.

이와는 별개로 암호화폐 시장은 스스로 진화하는 측면의 모습을 보여주기도 하기에 관련 연구진들의 노력이 더해지면 미래에 적용될 기술은 지금보다 다양하고 더 강력한 영향력을 행사할 것으로 본다.

이와 같은 블랙록의 발표 이후 전 세계 암호화폐 거래소의 주요 암호화폐는 일제히 가격이 급등하기도 했다. 작년 블랙록의 언론 인터뷰에 따르면 비트코인 가격의 평균 가격을 어느 선으로 보아야 할지 알 수 없다고 했었다.

이미 세계적인 기업들도 투자자들은 암호화폐 시장에 대한 메리트를 일찍이 내다보고 직접 투자보다 연구개발에 발을 내딛고 있는 현실에 있다. 과연 블록체인 기술이 불러올 미래의 변화가 어디까지 발전할지 궁금해지는 대목이다.

이와 같은 변동성에 대한 위험성도 고려하여 파악하는 것이 중요하다고 한다. 투자자들이 암호화폐와 블록체인 기술의 세부적인 부분까지는 알 수 없다. 하지만 그 가능성과 미래에 적용될 모습을 상상하여 투자를 하는 것이 가능하다. 이를 반증하듯 세계적인 투자자들도 비트코인과 같은 암호화폐에 투자하는 것이 상당히 무서운 시장에 진입하는 것이라고 표현을 했다.

금융 산업의 민주화와
자본의 자유화

블록체인은 은행거래를 자유화시키고 금융업계에 경쟁과 혁신을 불어넣을 것이다. 지금까지는 채산성이 없거나 리스크가 높다는 이유로 금융 서비스에서 불편함을 느껴도 이용하고 있다. 하지만 블록체인 시대가 되면 누구나 온라인으로 쇼핑하거나 돈을 빌리거나 상품을 구매하는 행위를 할 것이다.

기존의 금융기관도 블록체인의 기반으로 금융 산업의 민주화와 자본 자유화로 은행, 증권거래소, 보험회사, 회계사무소, 신용카드사 등 모든 업무가 변화를 가져올 것이다.

🔨 공유경제

빈집이나 빈방을 빌려주고 빌릴 수 있는 온라인 망인 에어비앤비나Airbnb, 필요할 때 차를 수배할 수 있는 우버Uber 등을 가리켜 '공유경제'라고 한다. 하지만 그런 서비스는 진정한 의미에서 '공유'라 볼 수 없다. 정보를 집약시켜 성립되는 비즈니스이기 때문이다. 실제 그들은 '공유하지 않는 것'을 활용해 수익사업을 통해 수익을 얻고 있다.

예를 들어 우버는 운전자 정보를 모음으로써 수백억 달러 규모의 회사로 성장했다. 정보를 제공공유하여 수수료를 받고 있으므로 그 정도의 성장을 이룬 것이다. 5%이하는 정보 가치의 개인 소유이며, 10%는 일반가치이고. 나머지 85%는 유동적 액체사회의 일상적 소식이다.

사람이 풍요롭게 살기 위해 최소한으로 필요한 것은 몇 가지 있다. 재산을 안전하게 보관 및 이동할 수 있는 기본적인 금융 서비스에 대한 접근, 경제 활동에 참여하기 위한 통신수단이나 토지나 재산의 소유권이 정당하게 지켜지는 제도 등이다. 이 모든 것들이 블록체인으로 실현 할 수 있다.

여기에서 소개하는 몇 가지 스토리는 누구나 풍요롭게 살 수 있는 미래를 보여줄 것이다. 개인의 프라이버시가 안전하게 지켜지고 데이터가 누군가 이것이 아니라 자기 자신의 것이 되는 세계가 다가오고 있다. 대기업이 기술을 독점하지 않고 누구나 기술의 발전에 참여할 수 있는 열린 세계, 그리고 글로벌한 경제로부터 배제되는 사람 없이 어디에 있어도 부의 축복을 받을 수 있는 우리의 세계가 오고 있다.

이런 방법의 서비스가 가능해진 것은 스마트폰이나 GPS, 결제 시스템 등의 기술적인 조건이 갖춰졌기 때문이다. 하지만 아직 완성형은 아니다. 블록체인 기술기반으로 공유경제 업계를 지금보다 획기적인 서비스 기능을 탑재된 "공유경제"의 플랫폼이 활성화 될 것이다.

🎒 에어비앤비|Airbnb

에어비앤비Airbnb는 고객의 니즈에 맞는 시설을 온라인으로 연결해주는 서비스 앱이다. 에어비앤비는 '에어베드 앤드 브렉퍼스트Air Bed and Breakfast'의 약자로 공기를 불어넣어 언제든 쓸 수 있는 공기 침대air bed와 아침식사breakfast를 제공한다는 의미를 담고 있다. 홈페이지에 집주인이 임대할 시설을 올려놓으면 고객이 이를 보고 원하는 조건에 예약하는 방식으로 거래가 이루어진다. 집주인에게는 숙박비의 3%내외 수수료로 부과하고, 여행객에게는 6~12퍼센트의 소개 수수료를 받는다. 에어비앤비는 평판 시스템을 활용해 투숙 고객이나 집주인 모두 자신들의 사회적 관계와 명성을 유지해야만 에어비앤비를 이용할 수 있도록 한다.

에어비앤비Airbnb는 2008년 8월 브라이언 체스키, 조 게비아, 네이선 블레차르지크 등 3명에 의해 공동 창업했다.

이것은 각 멤버에 의해 주체적으로 운영된다. 시설물을 빌리고 싶은 사람이 검색조건을 입력하면 블록체인 상의 데이터에서 그것에 맞는 것이 추출된다. 거래가 잘 되어 높은 평가를 얻으면 그것이 블록체인에 기록되어 평판이 올라간다. 누군가에게 중개 받지 않아도 데이터가 그것을 알려준다.

 우버Uber

우버Uber는 승객과 운전기사를 스마트폰 앱 하나로 연결하는 기술 플랫폼이다. 플랫폼이라는 단어가 상징하듯 우버는 택시와 운전기사를 소유하지 않고 승객과 운전기사를 연결해주는 서비스이다.

한국에는 2013년 7월 31일 상륙했는데, 2014년 12월 서울중앙지검 형사7부부장 송규종는 여객자동차운수사업법 위반 혐의로 우버 테크놀로지의 설립자 트래비스 칼라닉과 렌터카 업체 M사 대표 이 모38 씨를 불구속 기소했다고 발표했다. 현재 서울에서는 고급 콜택시 서비스인 우버블랙만 서비스되고 있다.

우버Uber의 창업자는 올해 42세의 트레비스 캘러닉이다. 캘리포니아 대학에서 컴퓨터공학을 전공한 그는 22세에 대학을 그만 두고 친구와 함께 스카워Scour라는 스타트업Stat-up 창업에 도전하여 설립하여 첫 기술개발을 멀티미디어 검색엔진과

P2P 파일 교환 서비스를 개발하였으나 미국에 있는 방송사와 음반산업협회로 부터 저작권 침해 소송에 휘말려 파산에 설움을 맞이한다.

이더리움 창설자인 비탈릭 부테린Smart Contract은 다음와 같이 말하고 있다. "대부분의 기술은 말단의 일을 자동화하고자 하지만 블록체인은 중앙의 일을 자동화 한다."

출처 : https://www.uber.com/ko/kr/

GAFA 시장의 변화와 혁신

GAFAGoogle Amazon Facebook Apple통신사의 정보는 정보사회 핵심자원이다.

사물보다 사람이 생성하고 있거나 생성할 수 있는 정보의 가치가 월등히 높다.

우리의 일상을 지배하고 있는 GAFAGoogle, Amazon, Facebook, Apple. 우리가 생각하고구글, 느끼고 사랑하며페이스북, 소비하고아마존, 본능에 따르는애플 그리고 삶의알리바바 등은 우리의 일상생활에 깊숙이 침투되었음을 알 수 있다. 여기에 편리함을 얻는 대신 우리의 사생활에 중요한 신상 데이터를 내주고 있다. 은행권을 위협하는 빅데이터로는 구글10억명의 세계 검색어가 87% 차지하고 있는 것을 보면 알 수 있다. 그리고 아마존3억명이 세계 전자책 판매의 75%이고, 미국이 30% 차지하고 있다. 페이스북 네트워크10억명가 75%를 차지하고, 애플8억명이 구글

안드로이드와 애플Apple가 75% 차지하고 있다.

구글Google

1996년 1월 스탠퍼드 대학의 박사과정 대학원생이었던 래리 페이지가 연구 프로젝트로서 구글 시작으로 '구글'이라는 명칭은 '구골'이라는 단어의 철자를 잘못 쓴 것이다.

회사로서의 구글에 대한 최초의 펀딩은 앤디 벡톨샤임이 하였다. 1998년 8월 하순, 스탠퍼드 대학의 박사 과정 학생이었던 래리 페이지와 세르게이 브린은 쇼프트개발을 고민 끝에 투자를 스탠퍼드 대학 교수인 데이비드 채리턴David Cheriton의 소개로 선 마이크로시스템즈의 공동 창업자 중 한 사람이었던 앤디 벡톨샤임을 만나게 되면서, 10만 달러의 투자를 얻어 낼 수 있었다.

아마존Amazon

아마존 그룹 설립자는 제프 베조스이다. 1964년 미국 남서부에 있는 뉴멕시코New Mexico 앨버쿼키Albuquerque에서 태어났다.

1995년 제프 베조스Jeff Bezos, Jeffrey Preston Bezos가 시애틀Seattle
에서 인터넷Internet 서점으로 처음 설립으로 음반, 장난감, 패션
등으로 카테고리를 확장하여 지금은 30여개 이상의 상품 카테
고리의 상품을 다루고 있는 세계 최대의 온라인 커머스 업체
이다. 또 자사의 PB 상품군도 100개 이상 가지고 있다.

연관 브랜드로는 도서, 의류, 신발, 보석, 식품 등 다양한 품
목을 판매하는 미국의 온라인Online 커머스Commerce 회사다. 현
재는 미국 이외에도 브라질Brazil, 캐나다Canada, 영국, 독일, 오
스트리아Austria, 프랑스France, 중국, 일본, 인도, 이탈리아Italy, 멕
시코Mexico, 스페인Spain 등 13개 국에서 아마존 웹사이트Web Site
를 운영하고 있으나 한국에는 아직 지정 판매사가 없다.

출처 : 네이버 지식백과]. 아마존 [Amazon] (세계 브랜드 백과, 인터브랜드)

 페이스북Facebook

2003년 10월 28일 하버드대학교의 학생이었던 마크 저커버
그Mark Zuckerburg가 페이스매시Facemash라는 이름으로 학내에서

장난삼아 출발로 시작되었다. 페이스북Facebook은 현재 10억 명의 이용자가 가입한 세계 최대의 소셜네트워크서비스다. 10억 명이 넘는 이용자가 가입한 세계 규모의 사이트로 자부심을 갖고 있으며 최근에는 스마트폰의 보급으로 이용자 가운데 절반 이상이 모바일 기기로도 페이스북을 이용하나 이용자의 실제 정체성을 보여 주는 각종 정보와 그들의 활동을 공개하도록 유도했고 이용자들의 상호작용을 촉진하는 각종 기능을 제공해 왔다. 2010년 3월에 시작된 "좋아요Like" 버튼은 페이스북이 도입해 성공한 대표적인 소셜플러그인 이다.

 애플Apple

애플은 스티브 잡스, 스티브 워즈니악, 로널드 웨인에 의해 1976년 4월 1일에 창립되었다. 이들은 고교시절부터 친구 사이였고 모두 전자 계통에 심취해 대학을 중퇴했다. 흔히 애플의 시작은 잡스의 집 창고에서 시작했다고 알려져 있는데, 이는 잘못된 사실이다. 처음에는 워즈니악과 잡스 각각 각자의 집에서 일했으며, 컴퓨터의 최종 조립만 잡스의 집 차고에서

했다. 스티브 워즈니악,스티븐 잡스는 틈틈이 컴퓨터를 설계했으며, 1976년에 애플이 되는 컴퓨터를 디자인했다. 잡스는 이 컴퓨터를 판매하기 위하여 워즈니악을 설득하여 1976년 4월 1일에 애플컴퓨터를 설립했으며, 1979년 1월 3일에는 주식시장에 상장되었다.

출처 : 네이버, 페이스북 (정보자본, 2013. 2. 25. 커뮤니케이션북스)

모바일 기반 대표적인 스타트업

소셜커머스 서비스인 쿠팡이 5조원 이상의 기업가치로 1위를 차지하고 있으며, 로켓 배송을 앞세워 감성 배송 서비스로 브랜드의 인지도가 높다.

출처 : https://www.coupang.com

 옐로모바일

　IT 스타트업 연합기업인 옐로모바일이 약4조원으로 쇼핑, 미디어, 디지털마케팅 등의 모바일 기반의 서비스를 제공하고 있다.

출처 : http://yellomobile.com/

 야놀자Yanolja

  야놀자Yanolja는 종합 숙박 등 예약 전문 사이트로서 전국에 많은 회원이 활용하는 사이트다. 최근 경쟁업체인 '여기어때'가 해킹 사건으로 상대적으로 브랜드명을 알리는 좋은 기회가 되었다. 야놀자의 가맹 숙박업소가 유흥업소와 연계하여 성매매 장소로 사용됐다는 의혹이 불거지면서 물의를 빚기도 했다.

출처 : https://www.yanolja.com/

🧑 배달의 민족

국내 주요 배달 앱 순 방문자 수 조사에서 50개월 연속 1위를 차지했다. 최근에는 배달의 민족을 서비스하고 있는 '우아한 형제들'이 주 35시간 근무제를 도입하는 등 파격적인 복지 정책을 보여주기도 했다.

출처 : http://www.baemin.com/

출처 : https://www.socar.kr/

 쏘카|Showcar

회원 수 250만 명을 돌파하는 등 가파른 성장세를 보이고 있는 기업체이다. 시작 당시 50여 개에 불과했던 쏘카존은 최근에 2,950개로 늘어나는 등 기업 규모가 점점 커져가고 있다.

블록체인의 활용서비스

블록체인 핵심 기술 개발로 혁신적이고 다양한 제품과 서비스를 이용한 인공지능기술과 정보통신기술이 무인 운송수단, 생체인식 로봇공학, 나노기술 등 여러 분야의 혁신적인 기술들과 융합함으로써 더 넓은 범위에 더 빠른 속도로 새로운 변화를 불러오면서 활용 영역 및 서비스가 확대되고 있다.

🔔 정부예산

정부가 블록체인 예산을 따로 진행하면서 우리나라에서도 비금융권 블록체인 사업에 긍정적으로 추진 시발점이 될 것으로 본다. 우리나라는 그간 은행연합회를 중심으로 한 금융권 블록체인 사업 움직임을 보일 정도였으며 상대적으로 활동이 미미한 상태에 있다. 2018. 4. 18일 국회 주최 '블록체인 육성 정책 토론회'를 통하여 정부는 민간수요를 블록체인 사업에 반영해 시장에 밀착한 과제를 만들 계획이라고 하였다.

세계 금융 산업은 지난해 블록체인 기술개발에 총 17억 달러를 예산으로 소진하였다. 또 금융 기관들은 지난해 블록체인 기술 관련 예산을 평균 67% 증액한 것으로 나타났다.

미국에 기반을 둔 시장 정보회사 그리니치 어소시에이트 Greenwich Associates가 2018년 6월 12일에 발행한 연구 보고서에 따르면 대체로 예산 증가세가 뚜렷한 가운데 지난해 블록체인 연구와 관련 상품 개발에 배정한 예산을 1,000만 달러 이상 늘린 은행 기관도 조사 대상의 10%나 되었다고 말하고 있다. 또한, 전체 조사 기관의 14%는 이미 블록체인 기반 솔루션을 배포 했다. 그리니치 어소시에이트는 또 금융 기관들이 수행하고 있는 프로젝트의 75% 이상은 앞으로 2년 안에 개념 증명 단계Proof-of-Concepts에서 실제 생산으로의 전환이 기대된다고 예측하고 있다.

블록체인은 위·변조가 불가능한 분산화된 공개 거래장부 기술이라고 하고 있다. 정보를 담은 블록을 네트워크에 연결된 P2P에게 공유하여 분산해 저장되며, 거래에 참여하는 P2P들은 거래 내역을 확인하는 절차에 있다. 거래 시 이를 대조하는 과정을 거치기 때문에 데이터 위·변조가 불가능하다. 암호화폐 기반 기술로 널리 알려졌지만 향후 공공서비스와 의료, 과학 등 다양한 산업군에서 활용 가능성이 크다. 미국과 영국, 호주, 온두라스 등은 블록체인을 공공서비스·의료분야에 활용하는 실증 실험을 정부 차원에서 실행하기도 했다.

우리나라 정부는 과기정보통신부를 통해 2018년도 블록체인 기술개발과 시범사업에 총 142억 예산을 투입한다고 밝혔다.

블록체인은 모든 참여자의 동의 없이는 정보 및 거래 내역을 수정할 수가 없다. 신분증 등 서류 위·변조나 조작 그리고 해킹이 거의 불가능하다는 얘기이다. 블록체인은 안전성·투명성·신뢰성을 바탕으로 한, 장점으로 금융권, 물류 등 민간 부문뿐 아니라 정부·공공기관 등 공공 부문에서도 블록체인 기술 도입에 대한 관심이 높아지고 있다. 세계경제포럼WEF은 2025년에 국민총생산 중 10%가 블록체인에 저장될 것으로 예측한 바 있다.

특히 심화되는 양극화와 2018년 글로벌 최대 화두 중 하나가 평등속에 '불평등'임을 감안할 때 블록체인 기술의 신속한 도입으로 복지 행정과 지역산업 등의 전달 체계에 효율성을 높일 필요가 있다. 올해 우리나라 보건·복지·고용창출 등 사회안전 비용 예산의 상대적으로 비중이 크게 늘어나고 있다. 늘어난 예산을 누수 없이 꼭 필요한 계층에 전달하는 것 역시 매우 중요한 복지의 과정이다. 2016년에 자료에 의하면 건강 의료보험 예산에 허위·부당 청구로 누수가 발생한 것을 알 수 있다. 사기 의료보험 청구자들의 부정행위 형태가 신분증 등 서류 위·변조를 통한 부당한 수령, 사기, 단순 실수 등 때문에 발생하는 리스크는 블록체인 기술을 적용하면 방지할 수 있다.

중동 걸프협력회의 6개국 에스토니아, 싱가포르와 다수의 지방 정부가 복지뿐 아니라 행정서비스 전반에 그리고 부동산 등 모든 거래에 효율성과 투명성을 제고하기 위해 블록체인기 능술을 속속 도입하는 추세이다.

출처 : ⓒ 매일경제 & mk.co.kr〈매경춘추〉블록체인과 행정 효율화 중(2018. 01. 05)

투표서비스

우리나라에서도 블록체인을 활용한 전자투표 시스템은 최 근 정부가 추진, 시범사업에 일환으로 선거관리위원회는 전자 투표에 블록체인 기술을 적용하는 과제를 추진한 바 있다. 온 라인 전자투표의 활용 영역이 정당 경선, 대학총장선거 등 공 공성이 높은 영역으로 확장되자 블록체인 기술을 전자투표에 적용해 투표과정과 결과에 대한 신뢰성, 신속성을 확보하기 위해 온라인 전자투표 활용을 확산하겠다는 방침이다.

따라서 지난해에는 지자체가 나서서 블록체인 기반 전자투 표가 시범 운영된 바 있다. 경기도는 '따복 공동체 주민제안 공모사업 심사'에 블록체인 기술을 활용해 온라인 투표를 시 범 진행했다. 따뜻하고 복되게따복 공동체는 '따뜻하고 복된 공동체'를 뜻하며 주민의 자발적 참여를 통해 지역 내 관계망을 활성화해 사회적 경제를 실현시키고자 하는 사업이다.

유럽 국가에서는 한층 더 활발하다. 그 중 1990년대 초부터 전자 정부를 추진해 온 에스토니아는 전자투표 시스템을 가장 성공적으로 활용하고 있는 국가다. 세계 최초로 전 국민 전자 ID 시스템과 전자투표 시스템을 도입해 ID 카드를 보유한 시민들은 블록체인을 활용한 전자투표를 시행하기도 하였다. 아고라 최고운영책임자COO 제이슨 루카시에비치Jason Lukasiewicz 는 암호화폐 매체인 코인텔레그래프를 통해 "블록체인을 '대선'에서 활용한 것은 역사상 첫 사례"라고 전했다.

기존 투표 방식은 신뢰할 수 있는 중앙관리 기관이 투표의 모든 프로세스를 관리해야 투표 결과에 대한 신뢰도와 신속성을 얻어 왔다. 온라인 투표 시스템은 기술적인 보안성과 안정성이 완벽하게 구현되었을 때 가능한 시스템이다.

블록체인 기술을 온라인 투표 시스템에 적용한다면 투표 항목, 참여자, 후보자, 시간, 비용, 홍보 등 투표 업무에 필요한 일체의 요소들과 복잡한 투표 프로세스를 블록체인에 등록하여 자동화 처리를 할 수 있으므로 시간과 장소에 구애 없이 자유스럽고 신뢰도 높은 온라인 투표를 할 수 있게 되는 것이다.

한국인터넷정보학회에서 발표한 블록체인 방식을 활용한 온라인 투표시스템을 보면 기존 투표 모델과 블록체인을 통한 투표 모델을 그림과 같이 설명하고 있다.

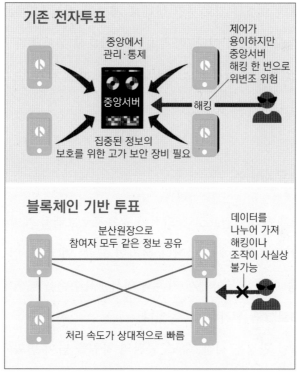

출처 : 한국일보(httos://news.naver.com/main/read.nhn?mode=LSD&m
ic=sec&sid1=100&oid=469&aid=0000318312)

본 연구 자료에 따르면 블록체인 신뢰성을 가장 중요시하는 금융거래에서 사용될 수 있을 수 있는 정도의 신뢰성을 갖추고 있음이 증명되고 있는 바탕으로 블록체인은 공정성과 투명성, 신속성, 확실성은 물론 중간자가 존재하지 않더라도 높은 신뢰성을 가지고 있다. 이러한 이점을 선거에 적용시켜 직접 민주주의 요소를 강화시킨 형태로 제시된 것이 '블록체인 온라인 투표 시스템'이다. 블록체인을 활용해 투표권한 부여나 투표 집계 등에 응용함으로써 업무를 더 효율화 할 수 있다는 장점이 나타나고 있다.

교육서비스

블록체인의 기반으로 창의적인 교육프로그램을 개발된다면 오늘날 교육모델에서 벗어나 온라인 교육, VR교육, 인공지능 교육 등 다양한 분야에서 기존의 영상교육수준을 넘어 혁신적 교육프로그램을 기대 할 수 있다.

오늘날 환경은 시간, 속도, 공간의 차원을 넘어 변화되는 환경과 문화, 전통에 반해 학교 교육은 역행하고 있다고 지적하고 있다. 제3차 디지털 시대에 들어서서 인터넷 활용한 산업들이 상당히 많은 변화가 이루어져 왔다. 온라인상에 무료로 지식을 제공하는 사이트, 네이버, 구글, 다음 사이트나 유튜브에서 외국어를 무료로 배울 수 있는 영상교육 등 이러한 온라인 교육을 바탕으로 외국어 교육 분야에 블록체인의 기술개발에 힘입어 외국의 누군가에게 자신의 모국어를 1대 1로 가르쳐 주고, 암호화폐로 보상 받는다면 굉장히 유용하고 접근이 좋은 교육시스템으로 혁신을 불러 올 것이다.

또한 가상현실VR : Virtual Reality 기술도 하루가 다르게 발전을 가져오고 있다. 최근 서울에는 VR 게임장 등이 오픈하고 있으며, 앞으로는 교육 분야에 있어서도 VR 기술을 기반으로 한 교육프로그램들이 많아질 것으로 보며 군사교육, 재난안전, 비행기나 중장비 조종 등 실제로 체험하기 어렵거나, 위험성 있는 교육형이 가상현실을 통해 실제감을 느낄 수 있는 교육들이 많이 실행 될 것으로 보고 있다.

그리고 인공지능을 접목하여 개인화된 맞춤 교육을 실시하는 국내 서비스에 대한 기사와 영국에서 인기리에 반영된 드라마 "HUMANS휴먼스"에서는 인공지능이 탑재된 가정부 로봇이 엄마보다 더 인내심 있고 차분하게 동화책을 읽어 주어 아이가 엄마보다는 가정부 로봇이 동화책을 읽어 주는 것이 더 좋다고 말하는 장면이 나옵니다. 이 드라마는 실제 사람보다 더 뛰어난 기능을 가진 인공지능과 로봇으로 인간이 가정에서 갖는 역할과 지위를 대체하게 되는 충격적인 미래를 보여 줍니다.

이제 본격적인 제4차 산업시대의 블록체인이 가져다 줄 혁신과 변화는 교육분야 서비스 산업에도 다양한 양상으로 나타날 것이다.

의료서비스

휴먼스케이프Humanscape는 환자 개인의 건강 데이터를 모아 신약 개발이나 임상 참여의 기회를 높일 수 있는 블록체인 기반의 커뮤니티이다. 국내 의료시장에서 병·의원 대상의 사후관리 솔루션을 개발·운영하고 있으며, 블록체인 기반의 환자 커뮤니티 구축 프로젝트를 위한 시드 투자 유치를 마무리하고 본격적인 개발에 착수하고 있다.

현재까지 건강 정보에 대한 교류는 주로 온라인 포털사이트에서 제공하는 문답 서비스나 특정 질병에 특화된 온라인 커뮤니티 및 환우회환자모임을 칭함를 통해 이뤄져 왔다.

이에 휴먼스케이프는 보상체계 기반의 블록체인 커뮤니티 구축을 통해 커뮤니티 내 정보 생산의 주체인 환자와 의료 전문가들에게 각자의 지적 생산물에 대한 보상을 제공함으로써 건강 정보 수집을 양적·질적으로 극대화 할 수 있다.

개인맞춤형 헬스케어 서비스

건강과 로하스 시대에 접어들어서 스마트 헬스케어 산업은 다양화 속에 지식화 되고 있다. 디바이스에서 발생하는 데이터가 증가하면서 스마트 헬스케어는 전통적인 의료정보시스템과 최신 스마트 헬스케어 플랫폼이 상호 보완적으로 발전하는 단계에 발전하고 있다. 또한 개인 맞춤형 솔루션과 표준화 및 신뢰성 확보가 빅데이터 인공지능 기술을 활용하는 스마트화 시대에 있다.

스마트폰 앱 이외에 다양한 착용형 웨어러블 스마트기기가 개발되고 있는 가운데 캐나다에서는 직접 입을 수 있는 스마트의류 웨어러블 옴시그널 OMsignal은 심박센서체온, 심박수, 운동량, 칼로리 소모량을 모니터링 등가 부착된 스마트셔츠를 개발했다. 그리고 구글은 눈물의 혈당을 측정하는 스마트 렌즈를 개발했고, 국내에서는 한국전자통신연구원ETRI : Electronics and Telecommunications Research Institute은 심전도, 호흡, 운동량 등 생체신호를 모니터링 하는 바이오셔츠를 개발했다. 반면 미국은 마이크로소프트MS는 HealthVault를 활용하여 개인맞춤형 헬스케어 서비스를 제공하여 환자 개개인의 정확한 진단과 치료 방법 연구결과를 제공하였다.

현금 없는 금융서비스

금융

금융 화폐는 가치의 척도, 교환의 매개, 그리고 가치의 저장이자 지불 수단이라는 개념을 갖는다. 현재까지는 국가와 같은 법적, 제도적 장치를 통해 신용도를 갖고 있다. 블록체인이 디지털 화폐에 적용된다고 하면, 온라인 커머스 사이트에서 물리적 상품을 구매하든, 영화나 음원과 같은 디지털 콘텐트를 구매하든, 주식 거래를 하는 것이 암호화폐로 거래를 하게 되고 기존 중개자에 대한 수수료는 사라질 수 있게 된다.

금융서비스 제공

암호화폐는 단순 결제뿐만 아니라 개인과 개인 간에 돈을 주고받는 일이 가능하다. 금융기관을 거치지 않아도 애플리케이션을 통해 본인이 월렛Waller: 암호화폐 지갑에서 상대방 월렛으로 직접 송금할 수 있는 간편성을 갖고 있다. 암호화폐 송금은 365일 24시간 가능하며 길어야 수십 분이면 송금이 완료되어 불편함이 없이 금융서비스를 제공하는 시대이다.

금융 비지니스에서 중요한 것은 거래 장부의 안전한 관리, 나아가 보안성, 익명성, 비용 효율성을 갖는 것이다. 이런 측면에서 보면, 블록체인은 외환 송금 서비스, 개인인증, 문서 보안 등 다양한 분야에서 기술을 제공하고 있다. 현재 국내에서도 금융 기관들이 이 블록체인 기술을 활용한 다양한 시도를 취하고 있다.

현금 없는 금융서비스는 블록체인의 기술이 발달에 있다. 암호화폐는 일본, 미국은 정부차원에서 법적화폐로 인정하고자 하는 움직임이 있는 반면 우리나라와 중국 등 일부 나라들은 아직 시기상조 입장을 내포하고 있다.

🤖 무인 네트워크 운송 서비스

무인 네트워크 운송 서비스 물류는 저온 유통체계이다. 냉동냉장에 의한 신선한 식료품의 유통방식이다. 수산물, 육류, 청과물 등의 신선한 식료품을 주산지로부터 가정의 부엌에까지 저온으로 유지하여 신선도를 떨어뜨리지 않고 가정에 송달하는 방법 및 유제품 등 콜드체인Cold Chain 시장에서 블록체인 기술기반으로 사물인터넷IoT과 연결하여 데이터의 투명성 확보에 기여할 수 있고, 전체 식품 유통 과정을 추적하기에 효율적으로 활용될 수 있다.

또한, 항만물류 시스템은 화물이 해상운송을 통해 화주로부터 고객에게 도착하기 까지는 많은 단계를 거치고 이 과정에서 선하증권, 신용장, 화물인도지시서 등 다양한 서류들이 원본 형태로 국제 운편을 통해 전달되어야만 진행이 되고 있다. 또한 물류 정보가 디지털화 되어 있지 않아서 중간에서 파손이나 손실의 위험을 알기 어렵다. 그런데 이러한 중간 과정들이 사물인터넷IoT과 연결되어 디지털화 된다고 하면 이러한 정보를 블록체인과 연계하여 다양한 센서를 통한 물류 데이터와 디지털화된 물류 관련 서류들이 이해관계자들에게 공유가 가능하다. 그렇게 되면 불필요한 서류 송부나 시간 지연, 서류 관리 및 송부 비용 등에 대한 부분을 절감할 수 있다.

 사물인터넷IoT : Internet of Things

사물인터넷IoT은 존재하는 사물 간에 서로 정보를 제공해 소통하는 것에 기초하며 물리적 또는 가상적으로 연결된 진보된 서비스를 가능하게 하는 자동센스기능이다.

여기에서는 재난·통신·물류·운송서비스의 한정된 사물인터넷 분야를 나열하고자 한다.

ᚶ재난서비스

재난서비스는 자연재해 및 재난기후변화, 기상·기후·생태·해양관측, 산불·지진·해일·홍수 등, 환경오염 및 방역대기·쓰레기·물·토양·해양오염, 전염병, 가축역병 등, 산업 재해위험물, 위험시설·설비, 에너지, 통신, 교통 등 등이 포함한다.

이처럼 각종 재난 및 안전사고의 형태가 복잡화·다양화되고 예측하기 힘들어짐에 따라 과거와는 다른 형태의 관리 대책이 필요하게 된다. 즉 과거에는 복구 중심이었다면 최근에는 재난에 대한 예측, 모니터링 및 대응 형태로 진화하고 있다.

사물인터넷IoT은 이러한 재난 안전 영역에서도 점차 연구되고 있는데, 재난안전 사물인터넷은 자연재해나 재난, 기후변화 등을 관측하고 선제 대응까지 가능한 자동센스 기능이다.

사물인터넷 자동센스기능은 재난서비스에 연결Connectivity, 오픈 플랫폼 기반 융합Convergence 및 가치 있는 지식Intelligence을 제공하도록 구성된다.

ᚶ통신 서비스

사물통신은 사람, 사물, 공간 그리고 시스템이 초연결 되는 것으로 안전중심 재난안전관리 시스템을 가능하게 한다.

⚓ 물류서비스

선박 통합 안전망 시스템은 사물인터넷을 기반으로 한 플랫폼, 네트워크, 디바이스 및 서비스로 구성된다. 다양한 센싱 디바이스와 네트워크를 통해 수집한 정보를 기초로 처리되는 선박침몰 시뮬레이션 서비스를 통해 선박의 상태, 구조가능 시간 등의 결과를 실시간으로 제공하고 더 나아가 해상에서 운항되고 있는 선박들을 실시간으로 관리할 수 있다.

⚓ 운송서비스

구조 선박의 긴급 출동과 사고 선박의 승객 상황 및 종합 재난 대책 등을 콘트롤타워와 실시간으로 처리하여 신속하고 안전한 대피 정보를 사용자인 승객에게 제공할 수 있다. 해상에서 구조를 기다리는 승객의 경우 해류의 실시간 위치를 파악할 수 있는 표류 네트워크 시스템 및 이와 연계된 구조 선박 및 구조 헬기 네트워크를 통해 침몰 위치뿐만 아니라 해류를 따라 떠내려간 승객의 현 위치를 가장 빠른 경로로 안내할 수 있다. 이러한 사물인터넷 기반의 해양안전관리 시스템은 실시간 정보 수집, 교환, 분배 및 통합을 통해 다양한 해양 지식화 서비스를 제공해 주는 해양 재난통합망 IoT 플랫폼에서 제공한다.

향후 사회시스템의 대규모화와 기후변화 등의 요인에 의해 점차 대형위기에 직면할 가능성도 증대되고 있다. 이러한 상황에 대비하기 위해서는 재난안전 IoT 기술을 활용하여 체계적이고 통합된 안전 및 재난 방지 시스템의 구축이 필요하다. 이를 위해서는 IoT 센서기술, 통신기술, 플랫폼 기술 등을 통한 서비스 창출과 수많은 관련 산업계의 기술 개발들에 대한 대응이 시스템적으로 이루어져야 한다. 또한 정부의 규제 및 정책적 지원도 필요하다.

자율주행 차량 등 인공지능 활용

자율주행차량이 보편화 되면 보안의 문제가 점점 더 커질수 있다. 차량 데이터는 제조사, 운행 관리자, 서비스 센터 등 이해 당사자의 금전적 가치에까지 영향을 미친다. 블록체인 기술은 필요한 정보를 특정 서버에 보관하지 않고 P2P 기반으로 모든 사용자에게 저장한 뒤, 거래 때마다 블록 대조를 통해 위·변조를 검증하는 상호 감시형 시스템을 통해 기업이 요구하는 보안성을 충족시킨다.

🏛 보험관리 서비스

보험 상품도 이제는 공급자 주도가 아닌 소비자 중심의 시장이 형성될 것으로 전망이 된다. 워어러블 디바이스, 스마트 홈, 빅데이터 서비스, 자율주행 차량 등 사물인터넷 서비스를 통해 보험 계약자의 라이프스타일 패턴에 대한 데이터 수집이 가능해지고, 블록체인 기술을 활용하여 데이터의 안정성, 보호, 장기 자산구축 등을 높일 수 있다.

🏛 에너지 거래 플랫폼

마이크로 그리드는 전력망에 정보통신기술이 접목되어 발전량 조절 제어 및 발전, 소비량 예측 등이 가능한 새로운 개념의 효율적 전력운영 방식이다. 이를 위해서는 데이터의 신뢰성, 예측 정확성, 데이터 가시성 등의 요소가 갖춰져야 하는데, 블록체인은 전력 생산자와 전력 소비자를 연결시키는 거래 플랫폼의 기반 기술로서 활용이 가능하다.

🤖 부동산 시장

블록체인은 부동산 시장에서 큰 변화를 가져올 수 있다. 먼저 블록체인은 제3의 중개자 없이 거래자들 간의 직접 거래할 수 있다. 스마트 컨트렉트 플랫폼으로 매수자와 매도자 간의 부동산계약 절차에 부속 행위인 계약서 작성, 토지대장, 건축물 대장등본을 포함해 실거래가신고필증, 인감증면서, 주민등록등본, 국민주택채권매입증명서 등 이전등기에 필요한 서류들의 블록체인 기반을 활용하면 스마트계약 및 인증절차를 거치면 안정되고 투명한 거래가 이루어진다.

출처 : 블록체인노믹스(오세현, 김종승 저, 한국경제신문, 2017)

시사점 Current Affairs

재산권의 분산 데이터화

송금의 빠르고 환전의 저렴한 암호화폐시대

사물인터넷(Lot)

제2인터넷과 인공지능

4차혁명시대의 일자리 변화

현금 없는 금융 서비스

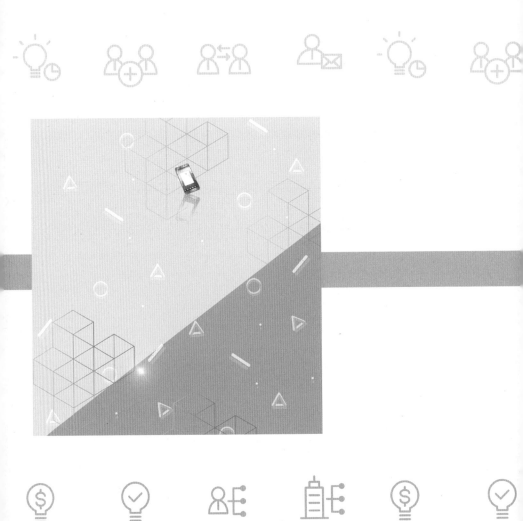

CHAPTER 02

블록체인의 적용과 활용

블록체인의 핵심은 무형의 소유권을 확실하게 거래한다는 것이다. 재산권을 지키는 것은 총이나 무기가 아니라 기술의 역할이다. 음성 기반 플랫폼을 이용하면 손을 이용하지 않고도 편리하게 기기를 관리하거나 제어할 수 있다. AI 스피커가 등장하는 이유다. 4차 산업혁명시대의 일자리는 변한다.

지능형 로봇Intelligent Robot의 3대 핵심기술은 일반적으로 로봇이 인간처럼 인식하고 판단할 수 있도록 하는 지능기술IT, BT, 뇌공학의 RT로봇기술를 기반으로 로봇의 행동을 제어하는 기구 제어기술 및 부품기술 등이 지능형 로봇의 핵심이다.

재산권 분산의 데이터화

　분야별 업계의 새로운 영향력을 가진 회사도 나올 것이다. 하지만 그 형태는 20세기 조직이 아니라 플랫한 네트워크에 가까운 형태가 될 것이다. 그렇게 되면 부자 보다 많은 사람에게 분배되기 쉬워진다. 블록체인을 이용한 스마트 계약의 보급에 의해 지금까지의 조직과는 완전히 다른 오픈네트워크형 기업이 주류가 될지도 모른다. 부패한 사람이 데이터를 바꿔 버리면 그것으로 끝이다. '블록체인의 핵심'은 어떤 소유권을 확실하게 거래한다는 것이다. 돈도 사물도 아이디어도 좋다. 중요한 것은 그것에 관여 되는 권리를 기록하여 소유권을 뺏기지 않도록 하는 것이다."

재산권을 지키는 것은 총이나 무기가 아니라 기술의 역할이다. 데이터를 보면 소유자는 누가 보더라도 일목요연하다. 기록이 갑자기 사라지는 일도 없을 것이다. 블록체인의 등장으로 조금씩 새로운 움직임이 보이고 있다. 음악이나 비디오, 영화 창작에 관련된 업계는 큰 변화를 맞이하여 창작자는 작품의 대가를 충분히 받을 수 있게 될 것이다.

블록체인은 인큐베이터와 창업을 통하여 얻는 가치와 혜택은 참여자들의 삶의 풍요로움을 얻어내는 하나의 사회의 구성체라 볼 수 있다.

송금은 빠르고, 환전은 저렴

암호화폐에서 항상 언급되는 것이 송금의 편의성과 환전이 간편하다는 것이다.

개발도상국에 유입되는 자금에서 가장 많은 것이 정부의 원조도 아니고 투자자금도 아니다. 외국에 사는 노동자가 가족에게 보내는 개인송금이다.

송금이나 환전시장은 약 600조원이다. 하지만 국경을 넘어 돈을 보내는 것은 번거롭고 시간이 걸린다. 일일이 은행에 가서 많은 서류를 작성하고 게다가 5%에서 25% 평균 10% 내외가 되는 수수료를 내야 한다.

모바일 송금 서비스인 아브라사는 블록체인을 사용한 국제송금 네트워크를 개발했다. 은행 창구를 통하지 않고 스마트폰으로 간단히 현금을 보낼 수 있는 시스템이다. 지금까지 송금에 1주일이나 걸렸던 것이 10분 정도로 단축되고 수수료는 10% 이상 들었던 것이 1% 정도면 된다.

사물인터넷IoT

사물인터넷IoT: Internet of Things은 세상에 존재하는 유형 혹은 무형의 객체들이 다양한 방식으로 서로 연결되어 개별 객체들 간 제공하지 못했던 새로운 서비스를 제공하는 것을 말한다. 기존의 인터넷이 컴퓨터나 무선 인터넷이 가능했던 휴대전화들이 서로 연결되어 구성되었던 것과는 달리 사물인터넷은 일상생활용품·자동차·애완견 등 세상에 존재하는 모든 사물이 연결되어 서로 보완적인 상호 작용으로 구성된다.

사물인터넷 서비스가 확산될수록 보안과 개인정보 보호 이슈가 더욱 부각될 수 있다. 따라서 분산원장 기술로서의 블록체인은 사물인터넷의 보안성 강화에 기여할 수 있다. 근거리 통신의 보안성을 개선하기 위해 블록체인 기반의 '메시 네트워크'를 활용한다거나, 블록체인의 분산 방식으로 디바이스를 관리하는 것을 활용하여 디바이스 확산에도 핵심적인 역할이 가능하다.

사물·사람·장소·프로세스 등 유·무형의 사물들이 연결된 것을 의미하지만 이러한 사물들이 연결되어 새로운 서비스를 제공하는 것을 의미한다. 즉, 두 가지 이상의 사물들이 서로 공유함으로써 개별의 사물들이 제공하지 못했던 새로운 기능을 제공하는 것이다.

블록체인 기술을 사용하면 인터넷에 접속된 사물끼리 연결

하고 가치건강, 에너지, 시간, 돈 등를 공감하여 수요와 공급에 기초한 생활에 여가와 유연함을 얻을 수 있게 된다.

사물과 인터넷으로 대화하기

지금까지는 넷에 연결된 기기들이 정보를 주고받으려면 인간의 '조작'이 개입돼야 했다. 사물인터넷 시대가 열리면 인터넷에 연결된 기기는 사람의 도움 없이 서로 알아서 정보를 주고받으며 대화를 나눌 수 있다. 블루투스나 근거리무선통신 NFC, 센서데이터, 네트워크가 이들의 자율적인 소통을 돕는 기술이 된다.

NFC를 활용한 가전제품도 사물인터넷이 구현된 사례로 꼽힌다. NFC칩이 탑재된 세탁기에 스마트폰을 되면 세탁기 동작 상태나 오작동 여부를 확인하고 맞춤형 세탁코스로 세탁을 할 수 있다. 냉장고는 사람이 굳이 확인하지 않아도 실시간으로 온도를 점검한다.

사물인터넷에선 모든 물리적 온도, 습도, 열, 가스, 조도, 초

음파 센서부터 원격감지, 레이더, 위치, 모션, 영상센서 등 유형 사물과 주위 환경으로부터 정보를 바탕으로 사물 간 대화가 이뤄진다.

사물끼리 통신을 하려면 몇 가지 기술이 더 필요하다. 사물끼리 통신을 주고받을 수 있는 통로, 사물끼리 공통적으로 사용할 수 있는 언어가 필요하다. 센싱 기술, 유·무선 통신 및 네트워크 인프라, IoT 서비스 인터페이스 기술 등이 그것이다.

사물인터넷IoT의 서비스

센싱Sensing 기술은 개별 사물끼리 통신할 수 있는 로드 역할을 한다. 정보를 수집·처리·관리하고 정보가 서비스로 구현되기 위한 환경을 지원한다. 이를 위한 기술로는 근거리 통신기술WPAN, WLAN 등, 이동통신기술3G, 5G 등과 유선통신기술Ethernet, Structured, Wiring 같은 유·무선 통신 및 네트워크 인프라 연결 기술이 있다.

월드디즈니 놀이공원은 미키마우스 인형의 눈과 코, 팔, 배

곳곳에 적외선 센서와 스피커를 탑재해 놀이공원 정보를 수집한다. 이 인형은 실시간으로 디즈니랜드 정보 데이터를 습득해 관람객에게 정보를 알려준다. 지금 방문객 위치가 어디인지, 오늘 날씨는 어떤지 같은 정보를 그때그때 상황에 맞춰 알려주는 식이다.

자동차 회사도 빠질 수 없다. 포드는 신형차 '이보스'에 사물인터넷을 적용했다. 이보스는 거의 모든 부품이 인터넷으로 연결돼 있다. 만약 자동차 사고로 에어백이 터지면 센서가 중앙관제센터로 신호를 보낸다. 센터에 연결된 클라우드 시스템에서는 그 동안 발생했던 수 천만 건의 에어백 사고 유형을 분석해 해결책을 전송한다. 범퍼는 어느 정도 파손됐는지, 과거 비슷한 사고가 있었는지, 해당 지역 도로와 날씨는 어떤지, 사고가 날 만한 특이사항은 없었는지 등의 데이터를 분석한다. 사고라고 판단되면 근처 고객센터와 병원에 즉시 사고 수습 차량과 구급차를 보내라는 명령을 전송하고 보험사에도 자동으로 연동체계 서비스를 제공한다.

제2인터넷과 인공지능AI

 음성서비스 앱

모든 참여자는 조작화면GUI: Graphical User Interface이 새롭게 만들어질 때 거대한 플랫폼이 동시에 만들어진다. 음성 기반 플랫폼이 만들어지면 스마트폰으로 사물인터넷IoT 시장을 손쉽게 선점할 수 있다. 스마트폰은 집 안 각종 가전제품, 수도, 전기사용량 등을 통신에 연결해 모니터링하고 제어할 수 있는 집을 말한다. 이 핵심엔 현재 음성서비스 스피커가 자리 잡았다. 음성 기반 플랫폼을 이용하면 손을 이용하지 않고도 음성으로 편리하게 기기를 움직이고 제어할 수 있다.

🐾 인공지능AI 서비스

인공지능AI 스피커는 인공지능 알고리즘을 이용해 사용자와 음성으로 의사소통을 한다. AI 스피커를 이용하면 음성인식을 통해 집안의 기기를 목소리만으로 간편하게 제어하는 식으로 손쉽게 스마트홈 환경을 구축할 수 있다.

음성인식 기반인 조작화면UI 플랫폼은 우리의 생활에 간편하고 편리한 기능으로 자리 잡고 있다. 집안에서나 밖에서도 모든 기능을 작동하는 어플리케이션을 이용하는 방법을 간단히 익히면 높은 지식 없이도 자연스럽게 접근할 수 있는 조작화면이다.

음악 감상이나 라디오 청취에 활용되던 스피커가 음성인식 기술이 접목되어 진화되고 있다. 스마트폰에서 쉽게 만나볼 수 있는 음성인식 기술과 클라우드나 인공지능AI 기술을 활용해 단순하게 소리를 전달하는 도구에서 디지털화된 통신정보 언어로AI 스피커로 변신 중이다.

이미 아마존, 구글, 애플 등 글로벌 IT 기업이 이 시장에 뛰어들었다. 국내에서는 삼성전자, SK텔레콤, KT, 네이버, 카카

오 등 글로벌 시장에 다목적기업들과 같이 경쟁하고 있다.

아마존 에코는 음성비서 기능인 '알렉사Alexa'를 내장한 원통형 스피커다. 원통에는 마이크 7개가 내장돼 있으며, 소음 제거 기능이 들어가 있다. 이용자는 명령어를 통해 아마존 프라임 뮤직이나 스포티파이 같은 스트리밍 음악 서비스를 즐길 수 있다.

인공지능의 한계

개인용 컴퓨터의 대중화와 인터넷이 및 SNS의 일상화가 이루어지면서 인공지능의 개념 또한 달라질 것이다. 병렬 컴퓨팅을 이용하는 클라우딩 컴퓨팅과 고도의 컴퓨팅 능력을 집적시킨 네트워크 시대의 인공지능이 어떻게 현실화되고 있는가를 보여 준다.

인간의 지능은 개별적인 뇌뿐만 아니라 다른 인간과 상호작용을 통해 성장하는 측면이 있다. 인간지능은 고립된 컴퓨터의 데이터베이스나 중앙처리장치와 다르다. 인간지능은 사회생활을 통한 지속적인 학습에서 성장한다. 사회성이 확보되지 못한 인공지능은 인간지능의 복잡한 학습능력을 갖고 있지 못하다.

시사점 Current Affairs

블록체인과 제2인터넷

중앙통제 분권화 분산처리

블록체인의 개방 및 폐쇄형

블록체인과 새로운 컴퓨터

블록체인과 양자컴퓨터

4차 산업혁명시대의
일자리 변화

　사이버 물리시스템cyber-physical system과 사물인터넷internet of things의 기술을 융합하여 새로운 가치를 창출해 낸다. 빅 데이터, 인공지능 로봇, 사물인터넷, 3D 프린팅, 무인자동차, 나노 바이오 기술 등이 융합하여 새로운 것을 창조하는 파괴적 기술disruptive technology이 중심이 되며 그 속도와 파급력은 빠르고 광범위한 것이다. 4차 산업혁명은 효율과 생산성을 비약적으로 높일 수 있는 한편 로봇과 인공지능으로 대체되는 부분은 일자리가 줄어 양극화를 심화시킬 수 있다.

　따라서 고용시장은 700만 개의 일자리가 없어지고, 200만 개가 새로 생겨 결과적으로 500만 개의 일자리가 사라지는 첨단기술 집약산업이 도래할 것이다.

먹거리의 변화

지금 세계 곳곳에서 많은 사람들이 연구를 하고 있고, 또 하나 둘 결실을 맺고 있습니다. 생각보다 더 빠른 속도로 우리 농촌은 달라져가고 있는 중입니다. 어쩌면 생각보다 달라진 농촌을 경험하게 될지도 모릅니다.

로봇이 농사를 짓는다일본

로봇이 알아서 농사를 지어준다면? 편할 뿐만 아니라 같은 노력으로 지금보다 훨씬 더 많은 식량을 얻을 수 있다. 잡초 제거는 물  론 씨 뿌리고 농약 치고 수확하는 과정까지 로봇이 알아서 해주는 기술이 지금 한창 개발 중에 있다. 인간을 대신해 로봇이 알아서 농사를 지어주는 세상이 곧 다가온다.

기술의 발달로 농사는 논과 밭에서만 이루어지는 것은 아닙니다. 인터넷 기술의 발전으로 이제는 공장에서 농사를 지어 식량을 생산하는 연구가 진행 중에 있습니다. 앞으로는 4차 산업혁명시대에 들어서면서 4차 산업을 모르고는 생활에 불편과 시대에 뒤처지는 생활이 될 것으로 예상하고 있습니다. 4차 산업 혁명으로 새로워진 농촌은 어쩌면 다가올 미래 가장 일하기 좋은 재미난 일터가 될지도 모릅니다. 북극에서도 신선한 채소를 키울 수 있다.

출처 : 대한민국 남국기지, 2018년 5월 KBS

🧑 농업용 로봇 드론 활용중국

농업용 로봇기술 개발로 기업에서 농업용 인공위성을 통해 정확한 위치 정보를 전달받아 농업에 활용하는 기술을 개발하고 있는 중입니다. 이 정확하게 움직이기 위해서는 로봇이 자신의 위치를 정확하게 알 수 있도록 정보를 전해 주는 것이 중요합니다. 만약 로봇이 위치를 알지 못한다면, 씨를 뿌렸던 곳에 다시 씨를 뿌리거나 농약을 뿌리지 않은 곳이 생기는 등 큰 문제가 발생할 수 있을 것입니다. 인공위성에 달린 특수한 센서를 통해 벼나 밀 등이 잘 자라고 있는지를 파악하여 꼭 필요한 비료나 농약을 뿌리기도 합니다. 이러한 기술을 통해 수확량을 20~30%까지 늘릴 수 있다.

농사를 지을 때 가장 어려운 것은 농약을 뿌리는 것이 것이다. 농약이 사람 몸에 해로운 것은 모두 알고 계시겠지만, 옛날에는 농약을 뿌리다가 갑자기 바람의 방향이 바뀌는 바람에 농약을 뒤집어쓰는 일이 종종 벌어지기도 했다. 이처럼 위험하지만 필요한 농약을 드론을 이용하여 뿌릴 수 있다면 훨씬 효율적이다.

경제·사회 전반에 혁신적인 변화

4차 산업혁명과 로봇

이 시대의 패러다임으로 부상하는 단어가 4차 산업혁명이다. 4차 산업혁명이란 인공지능기술AI 및 사물인터넷IoT, 빅데이터 등 정보통신기술ICT과의 융합에서 비롯된 경제·사회의 산업 전반에 혁신적인 변화를 불러일으키는 현실이다. 이러한 변화 속에서 4차 산업혁명의 핵심기술이라고 할 수 있는 AI인공지능기술, IoT기술, 센서기술, 통신기술이 4차 산업혁명 시대의 융합기술개발로 떠오른 지능형로봇기술의 발전은 빠른 속도로 견인하고 있다.

지능형로봇Intelligent Robot 기술의 발전

4차 산업혁명을 이끄는 구글, 아마존, 테슬라 등 특히 스타트업체들이 로봇시장에 뛰어들고 있다. 정보통신기술ICT과의 융합 지능형로봇Intelligent Robot 기술이 빠른 속도로 발전하면서 일정관리와 자료검색 등 사무보조 업무와 음악 감상을 위한 소셜 로봇, 생각하고 판단하고 감정까지 느낄 수 있는 지능형 로봇 인공지능 분야에서 제조업, 문화 분야까지 진출하고 있다.

세계적으로 구글, 아마존이나 테슬라 같은 회사에서 로봇관련 산업에 관심을 갖고 투자를 넓히다 보니, 국내 로봇관련 기업체들도 로봇산업에 큰 관심을 보이고 박차를 가하고 있다.

3대 핵심기술

지능형 로봇Intelligent Robot의 3대 핵심기술은 일반적으로 로봇이 인간처럼 인식하고 판단할 수 있도록 하는 지능기술IT, BT, 뇌공학의 기반으로 로봇의 행동을 제어하는 기구 제어기술 및 부품기술 등이 지능형 로봇의 핵심이라 할 수 있다.

지능기술의 경우 인공시각, 인공청각, 인지 추론감성 공학, 적응공학 등의 세부 기술로 구분되며 기구 제어기술 분야에서는 로봇 팔, 다리, 적응제어, 소프트웨어 기술로 세분할 수 있다. 부품기술은 센서와 제어기 파트로 구분된다.

미래 신사업 로봇기술

로봇기술을 기반으로 드론이나 무인자동차 등 미래 신사업 분야의 핵심 기술로 부상하고 있다. 로봇기술이 더 이상 로봇산업에 국한된 것이 아니라 융합산업에 중심 핵심기술로의 가치를 확인시키고 있다.

이미 미국, 독일, 일본, 중국 등은 로봇을 미래성장 동력산업으로 지정하고 국가경쟁력 확보를 위해 각종 지원 정책을 적극 추진하고 있다.

이러한 분위기에 기업에게는 로봇기술 활용능력이 미래 신사업에 대한 성패를 좌우하게 될 것이라는 분석이다.

기업의 내부역량을 활용하여 지능형 로봇에 인공지능 알고리즘, 서비스 플랫폼 등 SW 분야 및 센서, 배터리 분야 등의 신사업에 대한 기회 모색이 확대되고 있다

※ 지능형 로봇Intelligent Robot

기존 산업용 로봇은 산업 도구로서 사람의 조정에 따라 움직이는 성격이 짙었다. 그런데 지능형 로봇은 인간처럼 시각·청각 등을 이용해 외부 환경을 스스로 탐지하고, 필요한 작업을 자율적으로 실행하는 로봇이다. 산업용 로봇이 일의 효율성과 성과에 초점이 맞춰져 있다면 지능형 로봇은 대부분 사람에 대한 서비스에 초점이 맞춰져 있다. '지능형 로봇Intelligent Robot'은 환경에 따른 능동적 실행으로 장소, 상황에 맞는 서비스를 제공한다.

지능형 로봇은 정보, 기계, 센서, 소프트웨어, 반도체, 인공지능 등이 총망라되는 첨단기술의 결합체다. 그런 만큼 로봇 시장은 시장성과 부가가치에 대한 기대가 확산되면서 새로운 전환점을 맞고 있다.

출처 : 한국로봇산업진흥원 웹진

새로운 경제사회

풍요로운 경제와 사회에는 기업가 정신이 반드시 필요하다. 인터넷은 창업가에게 새로운 정보를 가져다주고 기존의 관습에 벗어나 빠른 사업을 구상하고 새로운 정보를 제공하는 역할을 다하고 있다. 하지만 개발도상국에서는 인터넷을 활용해 창업하고자 해도 정부가 변함없이 높은 장벽이 되고 있다. 창업에 필요한 자금이나 결제 시스템에 대한 접근도 일부 사람에게만 허용된다.

4차 산업시대의 기술개발인 블록체인은 그것에 돌파구를 여는 데 도움이 될 것이다. 자신이 사는 장소에 메이지 않고 전 세계 사람과 직접 계약하는 것이 가능하기 때문이다. 글로벌한 경제에 접근할 수 있다면 자금조달, 거래처, 제휴, 투자 등 모든 기회가 넓어진다.

블록체인의 정치적 변혁

아무리 작은 사업이라도 블록체인이라면 충분히 성립된다.

풍요로운 경제와 사회에는 기업가 정신이 반드시 필요하다. 인터넷은 창업가에게 새로운 가능성을 가져다주고 기존의 관습에 얽매이지 않는 빠른 사업을 가능하게 할 수 있었다. 하지만 개발도상국에서는 인터넷을 활용해 창업하고자 해도 정부가 변함없이 높은 장벽이 되고 있다. 창업에 필요한 자금이나 결제 시스템에 대한 접근도 일부 사람에게만 허용된다.

블록체인 기술개발로 정치를 변혁하는 시발점이 이미 시작되고 있다. 블록체인 기술을 통해 정치의 비용 절감과 성능 향상을 할 수 있을 뿐 아니라 민주주의의 존재 그 자체가 변화될 가능성도 엿보인다. 정부는 지금보다 훨씬 개방적이 되고 이익단체의 영향력은 줄어들고 보다 성실하고 투명도 높은 정치가 가능해진다. 공공업체는 비용을 줄이고 기업과 개인들은 이익과 삶의 질을 향상시키는데 궁극적인 목표가 있는 것이다.

블록체인 기술이 얼마나 정치를 개선하고 선거를 비롯한 정치에 대한 참가 프로세스를 바꿔나갈지 기대된다. 사회 서비스는 보다 공평해지고 번거로운 문제가 해결되며 정치가는 공약을 제대로 지키게 될 것이다.

유동적인 액체사회의 변화

　기존 근대사회의 견고한 작동 원리였던 구조, 제도, 풍속, 도덕이 해체되면서 '흐르는 액체'와도 같이 유동성과 불확실성이 증가하는 국면을 의미하는 개념이다.

　공유, 공감, 공상의 세계로 연결되는 사람들의 숫자는 증대되지만 새롭게 연결된 사람간의 유대관계는 오히려 약화되는 피상적 관계로 서로 항상 연결되어 있지만 서로에게 친숙한 소리를 내고 친숙한 소리를 들을 수 있는 사람들 끼리만의 '소통과 울림'으로 친숙해 진다.

　또한 사람들의 참여와 확산을 이끌어내기 위한 수단으로서 테크놀로지가 중요해졌다고는 하지만 그것이 우리의 감성을 건드리는 인사이트와 아이디어에 의해 뒷받침 되지 못한다면 사람들은 테크놀로지를 번거롭고, 복잡하고, 피로도만 높이는 방해물로 여길 수도 있을 것이다.

스마트폰과 소셜 네트워크 서비스, 그리고 테크놀로지에 의해 모든 것이 연결되는 세상. 그러나 한편으로는 액체처럼 유동적이고 불확실한 변화의 흐름 속에서 의미가 없고 외로워하는 사람들. 우리는 이러한 테크놀로지의 발달과 외연의 확장 속에서 사람들이 놓치고 있다. 일반적이고 보편적으로 아쉬워하는 사람들의 내면적인 심성과 가치를 회복시키고 진정한 연결로 이끌 수 있을까에 대한 물음을 던지고 답을 찾아나서야 한다. 디지털과 아날로그가 섞이고, 테크놀로지와 따뜻함이 섞이고, 가상과 현실세계가 합해지는 유동적인 액체사회에 적응해야 한다.

먹거리의 변화

농업용 로봇 드론 활용경제

사회 전반에 혁신적인 변화

미래 신사업 로봇기술

블록체인의 정치적 변혁

유동적인 액체사회의 변화

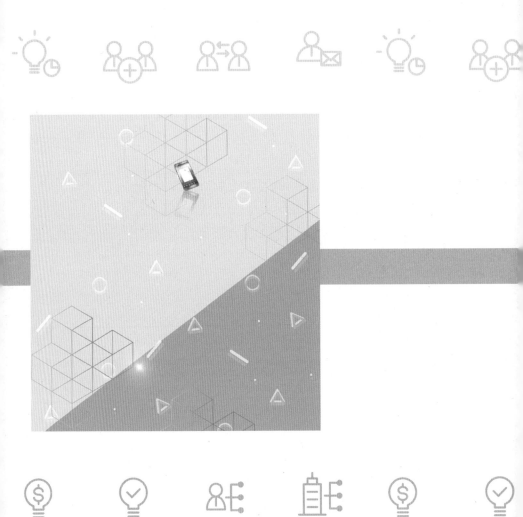

블록체인의 환경변화

가상현실에서는 모든 것들을 사용자가 원하는 방향대로 조작하거나 실행 할 수 있다.

20세기에는 PC와 인터넷이 나왔다면, 21세기는 블록체인이 있다.

퍼블릭 블록체인은 서로 '모르는' 참여자들이, 프라이빗 블록체인은 서로 '아는' 참여자들이 시스템을 구성한 것이다.

블록체인과 새로운 인터넷의 변화에 교육, 회계, 물류, 보험, 보안 행정, 건강, 교육, 블록체인은 정부나 공공 기관의 비용을 줄일 수 있다.

가상현실VR

　　가상현실VR: Virtual Reality은 인공현실Artficial Reality, 사이버공간 Cyberspace, 가상세계Virtual Worlds라고도 한다. 가장 먼저 가상현 실 기법이 적용된 게임의 경우 입체적으로 구성된 화면 속에 게임을 하는 사람이 그 게임의 주인공으로 등장해 문제를 풀 어나간다.

　　가상현실Virtual Reality에서는 모든 것들을 사용자가 원하는 방향대로 조작하거나 실행 할 수 있다. 3D애니메이션과의 차 이점은 실시간으로 시연자가 스스로의 판단과 선택으로 3차 원의 가상공간에서 사물의 움직임 등을 제어할 수 있다는 것 이다.

가상현실의 특성

　영상물의 실시간 렌더링이 가능하므로 원하는 위치에 원하
는 모습을 즉시 생산해낼 수 있기 때문에 설계자가 직접 그 공
간에 들어가 실시간으로 빠른 수정과 정확한 설계를 할 수 있
다. 또 입체영상의 전달, 대화식의 물체 특성이나 위치 변경,

3차원 입체 음향의 공간상 위치에 따른 구현 등의 작업을 사실감 있게 할 수 있다.

 ## HMDHead Mounted Display

가상현실VR 체험을 위해 사용자가 머리에 장착하는 디스플레이 디바이스로, 외부와 차단한 후 사용자의 시각에 가상세계를 보여주는 역할을 한다. 눈앞에 디스플레이가 오도록 얼굴에 쓰는 형태로 마이크, 스테레오 스피커를 비롯해 여러 센서 등이 탑재돼 있다. 사용 목적은 사람들이 일상적으로 경험하기 어려운 환경을 직접 체험하지 않고서도 그 환경에 들어와 있는 것처럼 보여주고 조작할 수 있게 해주는 것이다. 응용분야는 교육, 고급 프로그래밍, 원격조작, 원격위성 표면탐사, 탐사자료 분석, 과학적 시각화Scientific Visualization 등이다.

구체적인 예로서, 탱크·항공기의 조종법 훈련, 가구의 배치설계, 수술 실습, 게임 등 다양하다. 가상현실 시스템에서는 인간 참여자와 실제·가상 작업공간이 하드웨어로 상호 연결된다. 또 가상적인 환경에서 일어나는 일을 참여자가 주로 시각으로 느끼도록 하며, 보조적으로 청각·촉각 등을 사용한다.

시스템은 사용자의 시점이나 동작의 변화를 감지하여 그에 대응하는 적절한 변화를 가상환경에 줄 수 있다.

결국 가상현실VR은 군사·오락·의료·영화·음악 등 다양한 산업 및 문화 등 분야에 활용되고 있다.

블록체인과 새로운 인터넷

블록체인 기술은 정치, 경제, 사회, 문화 전반에 걸쳐 엄청난 영향을 미칠 것이다. 클라우드 슈밥이 회장으로 있는 다보스 포럼은 블록체인을 '세상을 변화시킬 21개 기술' 중 하나로 선정한 바 있다.

블록체인의 핵심 아이디어는 '분산'이다. 정보를 한곳에 모

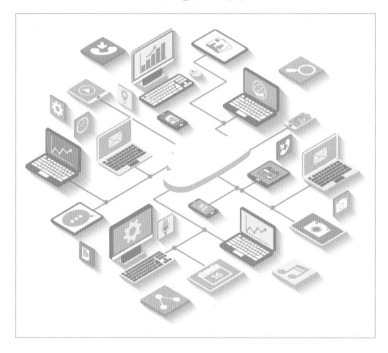

아두지 않고 모든 이해관계자에게 분산시켜 저장하는 기술이
다. 지금까지는 해커들이 정보를 빼낼 때 은행이나 국가기관
같은 곳만 집중 공략하여 테러 및 위변조가 가능하였으나, 블
록체인 시스템에서는 불가능하고 있으며 중앙 기관의 통제를
받지 않는 데다 보안성까지 보장하기 때문에 "19세기는 기계

산업, 20세기에는 정보통신산업PC와 인터넷 등이 부흥기를 맞이하였으나, 21세기는 제2의 인터넷인 블록체인의 변화의 시대 주력산업을 자리매김하고 제4차 산업혁명의 기틀을 마련하는 블록체인 기술"이 될 것이다.

탈중앙통제와 분산처리 서비스

중개자를 없애고 소비자와 공급자를 바로 연결해주는 '직거래' 기술이다. 중앙으로 몰렸던, 네트워크에 있는 거래 내역 같은 데이터를 모든 사용자에게 분산하여 저장한다. 사실 블록체인은 새로운 기술이 아니다. 학계에서는 이미 1990년대부터 해당 기술에 대한 논의가 진행되었다. 하지만 블록체인을 수면 위로 올려 대중의 이목을 집중시킨 것은 단연코 사토시 나카모토의 2009년 1월 3일 비트코인이었다. 이는 온라인 상에 10를 이체에 성공함으로써 블록체인 기술을 기반으로 한 최초의 비트코인 전자화폐이다.

블록체인의 개방형과 폐쇄형

블록체인은 크게 개방형인 퍼블릭Public 블록체인과 폐쇄형 인 프라이빗 블록체인으로 구분된다. 단순하게 생각하면 퍼블 릭 블록체인은 서로 '모르는' 참여자들이, 프라이빗 블록체인 은 서로 '아는' 참여자들이 시스템을 구성한 것이다. 따라서 서로 아는 사람들이 모여서 만든 프라이빗 블록체인의 경우 암호화폐라는 '인센티브'가 꼭 필요하지는 않다. 이들의 이해 관계가 같거나 유사하기 때문이다. 하지만 누구나 참여할 수 있는 퍼블릭 블록체인으로 넘어가면 얘기가 달라진다. 이곳에서는 참여자들의 이해관계가 같거나 유사하다는 보장이 없다. 서로 알지 못하기 때문에 누가 네트워크에 해를 끼칠 것인지 파악할 수도 없다. 따라서 이들이 자발적으로 시스템을 구동 시키게 하기 위해서는 암호화폐라는 금전적인 인센티브가 필요하다.

블록체인과 컴퓨터의 변화

블록체인은 컴퓨터를 기반으로 다가오는 일상의 변화이다. 일상의 변화는 거역할 수 없다. 개인, 기업, 정부가 4차산업 기술변화에 대비해야 한다. 블록체인이란 기술을 기반으로 암호화폐가 범용화 되면서, 세계 2000여개 코인 중 비트코인은 온라인상에서 거래된 최초의 암호화폐이다. 송금/환전 시장600조원으로 주로 이용되며 현재 세계 화폐의 1%를 차지하고 있다. 향후 화폐시장의 거래가 10% 주요거래수단으로 활용될 것으로 추정한다.

블록체인 기술개발로 미치는
영향들

🐷 엄청난 에너지 소비와 이산화탄소 배출

블록체인 기술을 돌리는 작업은 막대한 양의 전력을 소모한
다. 전력소비량이 높음에 따라 엄청난 양의 이산화탄소를 배
출한다. 이뿐 아니라 장비가 고장 나지 않게 하기 위해서는 지
속적으로 냉각 장치를 이용하는 과정에서 더 높은 에너지소비
가 일어난다. 에너지량이 많아지면 이산화탄소 발생량이 많아
지면서 지구에 악영향을 미치게 된다. 지구는 선진 산업화의
발달로 인한 온난화되어가고 있다. 이와 더불어 블록체인 기
술이 발전으로 막대한 양의 전력이 소모된다면 이에 따른 이
산화탄소가 발생하면 지구의 열기는 뜨거워지고 쾌적한 환경
이 점점 사라질 위험 속에 있다. 하나뿐인 지구를 편안하게 하

기 위해서는 사용자인 인간의 삶의 저조하더라도 환경과의 공존하는 인간의 자세가 필요하다고 사료된다.

🐾 정보사용자의 책임과 불편

블록체인의 특성은 매우 높은 수준의 보안성을 갖고 있다. 인터넷 및 SNS, 블로그, 밴드 등 사용자들은 사용자의 권한을 부여 받아 메시지를 자유자제로 올리기도 하고 삭제하기도 하지만 블록체인은 기본적으로 블록체인 안에 모든 정보를 입력하면 '변경'이나 '수정'은 불가능에 있으며 '확인'하는 수준정도 까지는 가능하다.

🍶 인터넷 기업과 스타트업

🔖 구글Google

블록체인이 대중화되면 디지털시대의 구글이나 아마존 같은 기득권 세력들의 블록체인 기술 클라우드 서비스에 접목하려는 준비를 하고 있다

전 세계적으로 유명한 구글은 블록체인은 2018년 7월 25일에 「포춘」에 따르면 뉴욕에 본사를 둔 블록체인 기반 애플리케이션 제작 스타트업 '디지털 에셋'과 파트너십을 맺기로 하고 "구글 클라우드 고객은 디지털 에셋과 블록앱스를 활용해 분산원장기술DLT을 사용하는 방법을 모색할 수 있게 될 것"이라고 발표하였다.

여기서 구글은 블록체인을 기반으로 아마존과 마이크로소프트MS를 따라잡을 전략으로 블록체인 기술을 아마존, MS와의 클라우드 경쟁에서 승리하기 위하 무기로 표현하였다.

🔔 아마존Amazon

아마존Amazon은 2016년도에 아마존 웹 서비스는 암호화폐 그룹과 협력하여 금융 서비스 회사를 위한 BAASBlockchain-as-a-Service 개발자를 위한 솔루션을 만든다고 하였다. 아마존의 세계 금융 서비스 사업개발 책임자인 「Scott Mullins」는 "오늘날 금융 서비스 분야에서 분산원장기술DLT은 금융기관 및 블록체인 공급자와 협력하여 혁신을 촉진하는 등" 블록체인 웹 서비스의 기술개발과 공조체제에 박차를 가하고 있다.

가상현실(VR) 블록체인과 새로운 인터넷

탈중앙통제와 분산처리 서비스

블록체인과 새로운 컴퓨터시대

블록체인 개방 및 폐쇄형

블록체인 기술 변화와 영향

CHAPTER 04

블록체인과 4차 산업의 기술혁명

블록체인은 컴퓨터를 기반으로 다가오는 일상의 변화이다. 기업과 정부, 공적영역에 적용하고 활용 될 수 있다. 국내에서는 영등포의 행정 시스템 구축, 노원구가 실행중인 암호화폐 노원No-Won의 경우 블록체인 기반의 암호화폐를 지역화폐로 활용해 사용의 편리성을 제공하고 있다.

미숙한 기술과 쇼프트웨어 발전의 주요 과제이다. 잘못 운영되면 블록체인의 함정에 빠질 수 있다. 과도기는 새로운 창조물을 만들어 낸다. 블록체인은 새로운 시대의 다양한 비즈니스 모델이다.

블록체인의 장애물들

개인 정보유출 부족한 기술력과 기반 시설

블록체인 기술의 핵심은 '익명성'이지만 여기에는 양면성이 존재한다. 블록체인 기술 및 암호화폐는 자금 세탁 및 마약 거래 등으로 인해 암호화폐를 부정적으로 바라보는 시선이 존재하며 암호화폐를 이용하기 위해서는 암호화된 해시 값 같은 인증이 필요하다.

블록체인은 산업분야에 큰 시장 가치가 있지만 일상생활에서는 그 가치가 충분히 인식되지 않고 있습니다.

낮은 성능, 확장성 문제, 높은 기술적 한계 등으로 블록체인 기술은 암호화폐 거래에만 사용되고 있습니다.

확장성이란 트랜잭션이 많아져도 이를 바로 처리해주는 능력을 말합니다.

현존하는 블록체인의 낮은 확장성은 블록체인 기술이 일상에서 쓰이기 어렵게 만듭니다.

정부와 공적영역 활용

🥋 공공부문 플랫폼 활용

정보기술IT 서비스 업체들의 블록체인 플랫폼을 활용한 사업 확대에 본격적으로 나서고 있으며, 또한 공공 분야를 비롯해 금융 물류 제조 분야까지 적용 분야를 확대해 나가고 있다. 블록체인은 거래 데이터를 중앙 집중형 서버에 기록·보관하는 기존 방식과 달리 P2Ppeer to peer 또는 비즈니스 간 거래에 필요한 신용 정보와 부정 거래 기록 등을 거래 참가자 모두에게 실시간으로 공유로 인증체계 방식이다. 슈퍼컴퓨터의 용량 수준의 데이터를 효율적으로 관리하는 것이 가능하고 분산장부 기술로 위 변조가 사실상 불가능해 부정 거래를 원천 봉쇄할 수 있다는 장점이다

국내 주요 대기업체의 블록체인 사업 돌입

LGCNS는 공공기관, 지방자치단체, 대학 등이 쉽게 활용할 수 있는 새로 구축되는 오픈 플랫폼을 모나 체인을 기반으로

지역화폐 서비스, 모바일 인증서비스, 문서 인증 서비스 등 3대 핵심 서비스를 제공한다는 계획을 블록체인 사업에 착수하고 있다.

지역화폐 서비스는 이용자가 개인 휴대기기에 디지털 지갑을 만들고 여기에 디지털 상품권을 받는 방식이다. 개인 식별번호PIN나 지문 등으로 본인 확인을 하는 모바일 인증과 각종 공문서 위·변조를 막는 문서 인증도 가능하다. 또한 LG CNS는 다른 블록체인 플랫폼의 데이터 진본성을 앵커리Anchoring 서비스도 추가할 계획이다. 한국조폐공사와 계약을 맺고 사업에 착수하기도 하고 있고, 앵커링은 외부 블록체인 플랫폼 데이터를 저장하는 기능이다.

삼성 SDS

삼성 SDS는 지난 2018년 5일 인공지능AI과 블록체인 기반의 디지털 금융플랫폼인 '넥스파이낸스Nexfinance'를 공개하며 디지털 금융사업을 본격화할 계획이라고 밝혔다. 가상비서, 보험금 자동 청구 등 서비스를 제공한다라는 명분을 갖고 있다.

AI 가상비서, 보험금 자동 청구 등 서비스를 제공체계 구축에 있다. 디지털 아이덴티티는 개인정보를 안전하게 전달할 수 있는 블록체인 기반의 신분증이고, AI와 빅데이터 분석을 활용한 금융자산 관리 서비스다.

SK C&C

SK C&C는 최근 금융과 통신·제조 등 다양한 산업에 적용 가능한 '블록체인 모바일 디지털 ID인증 서비스IDaaS'를 선보이고 있다. 블록체인 모바일 디지털 ID통합 절차 없이 다양한 산업과 서비스에서 바로 활용될 수 있는 실질적인 '원 아이디'를 구현하고 있으며, 모바일 디지털 분야 블록체인 기술개발에 앞장서고 있다. SK C&C는 블록체인 모바일 디지털 ID인증 서비스에서 거래자의 ID증명 키 값을 모든 서비스 제공사업자들과 공유하고, 거래자들이 로그인할 때마다 인증 기록을 블록체인 원장으로 안전하게 관리할 수 있는 체계를 제공한다고 하였다.

산업체의 이용 : LG CNS

삼성SDS

SK C&C

공공기관 : 투표

정부예산

행정

교육

의료

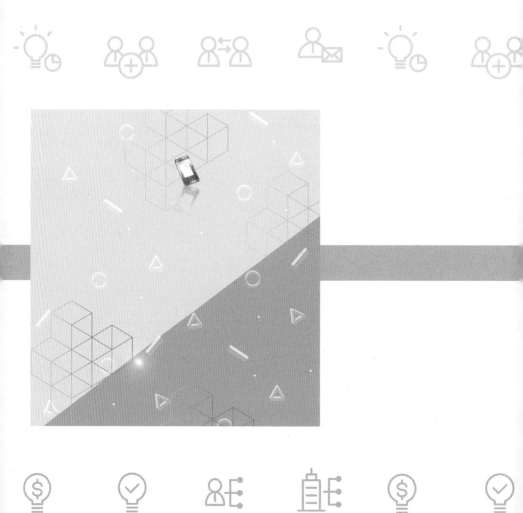

CHAPTER 05

블록체인의 위험요소

잠재력이 큰 기술임에도 불구하고, CIO 및 비즈니스 리더들은 블록체인 기술을 도입
할 때 발생할 수 있는 소프트웨어나 양자 컴퓨팅 기술로 인한 리스크 등 다양한 위험
요소들을 생각하고 있다.

수집된 정보데이터가 검증되지 않아 비즈니스 참여자들의 신뢰하기 어려울 수도 있다.
그러나 블록체인 기술의 확산은 뛰어난 기술의 접목을 위해 놓은 단계의 인간의 욕구
를 충족시킬 것이다. 대기업보다는 소규모 기업과 전통시장 등에서 틈새시장에서 훨씬
많이 활용될 것이라고 예측하건데, 블록체인 IT기술은 산업기술의 변화와 일상생활의
편리함을 통해 삶의 질의 높아 질 것이다.

블록체인 기술은 여러 산업 분야에서 신뢰 모델과 인공지능성 비즈니스 프로세스를 혁신적으로 바꾸어 놓을 수 있는 잠재력을 지니고 있다. 그러나 이 기술은 아직까지 초기 단계에 있으며, 블록체인 기술에 사용되는 분산 원장 기술 역시 적절한 모니터링이나 점검을 받지 않고 있다.

이처럼 잠재력이 큰 기술임에도 불구하고, 암호화폐ICO 및 비즈니스 리더들은 블록체인 기술을 도입할 때 발생할 수 있는 소프트웨어 버그나 양자 컴퓨팅 기술로 인한 리스크 등 다양한 위험 요소들을 생각하고 있다. 블록체인 기술이 일부 비즈니스 프로세스에는 적합하지 않을 수 있다는 전문가 들이 있다. 예를 들어, 이더리움 환전소인 레브라이Leveri의 창립자인 바라스 라오는 암호화 화폐 분야에 블록체인의 활용 가능성에 대해 회의적인 태도를 보였다. 그는 블록체인 기술이 중앙집권화된 관계형 데이터베이스와 같은 기존의 거래 기술에 비해 더 비싸고 도입 시간도 오래 걸린다고 말한다.

새로운 블록이 블록체인에 추가되기 위해서는 모든 블록의 암호화 확인 절차가 요구된다. 이 때문에 빠른 거래가 필수인 비즈니스 분야에 적용되기에는 효율적이지 못하다는 것이다.

소수의 사람들만이 제대로 이해하고 있는 기술로부터 이만큼이나 많은 것을 기대한 것은 전례 없는 일이다. 블록체인 기술의 확산은 느리고 꾸준한 페이스로 이어질 것이며, 대기업보다는 소규모 자영업자 등 틈새Niche시장에서 훨씬 많이 활용될 것이라고 전망했다.

미숙한 기술과 미흡한 소프트웨어

2008년 블록체인의 개념을 처음 제시한 것은 '사토시 나카모토'라는 사람이었지만 이 기술이 실제 사례에 적용되기 시작한 것은 불과 몇 년 전이다. 오늘날 블록체인 기술은 주로 암호화폐나 가상 금융 거래에서 분산 원장을 만드는 데 사용되고 있다.

코딩 취약성으로 인해 한 사용자가 수억 달러에 달하는 이더리움 암호화폐인 이더Ether를 동결시키고 최대 3억 달러에 이르는 타 사용자들의 화폐 유동성을 제약하는 사건이 발생했다.

블록체인의 데이터 저장에 부적합

블록체인 기술의 최대 장점은 한 번의 데이터 생성으로 많은 이들에게 이를 공유할 수 있다는 것이다. 웹상의 각기 다른 노드들에 손쉽게 도입할 수 있으면서도 각 기록이 자체적인 해시를 간직하고 있기 때문에 조작이 불가능하다.

블록체인 기반 네트워크를 통한 분산 원장은 그래서 내부 시스템과 블랙리스트에 기반한, 선택적 기록보다 훨씬 더 풍부하고 포괄적인 거래 기록을 남길 수 있다. 하지만 그렇다고 해서 거래 관련 데이터가 반드시 블록체인의 일부가 되어야 하는 것은 아니다.

예를 들어, 블록체인 사용자가 거래 기록의 일부로 이미지를 첨부할 경우, 데이터 용량은 급증하고, 시간이 흐르며 일방적인 추가만 가능한 상황에서 데이터 용량이 커짐에 따라, 이는 곧 네트워크 오버헤드로 이어지게 될 것이다. 이 경우 데이

터를 분산하는 블록체인의 특성으로 인해 모든 데이터가 블록
체인 상의 모든 노드에 복제되어야 한다.

따라서 일부 거래에 대해서는 통제가 어려운 블록체인보다
는 별개의 네트워크 스토리지로 운영되는 관계형 데이터베이
스를 사용하는 것이 더 낫다.

빛의 속도를 저장처리되는 양자컴퓨터Quantum Computer

암호화폐의 잠재력

블록체인 데이터에 저장된 정보가
검증되지 않아 비즈니스 참여자들의
신뢰도가 떨어진다.

위·변조에 대한 의구심

서버 이동에 불확실성 내포

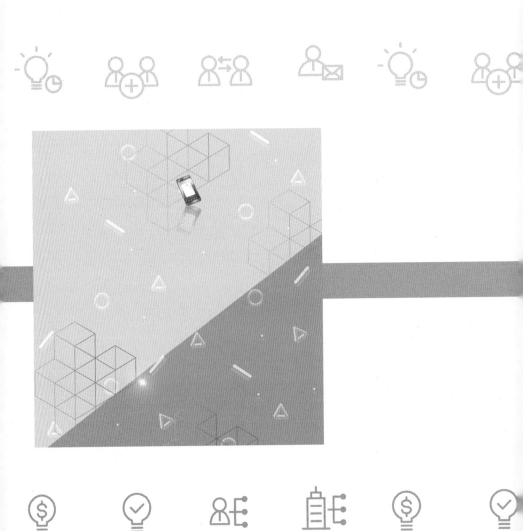

CHAPTER 06

블록체인의 활성화

블록체인은 인터넷문화시대를 넘어 제4차산업의 기반이 될 기술임에는 분명하다.
이런 새로운 기술은 근대산업시대와 같이 전문 특정인들만이 공유, 연결, 거래 교환의
수단으로 선점될 수 있는 기술이다. 블록체인을 암호화 하는 방법으로는 공인 인증서
로 쓰이고 있다. 많은 사람들은 블록체인이나 비트코인을 빨리 이해하는 이유는 금융
결제 수단이며, 삶의 척도가 되기 때문이다.

스타트업계의 블록체인의 역할은 혁신적으로 변하고 있다. 블록체인과 일상적인 삶의
변화는 새로운 공간과 혜택을 제공한다.

스타트업의 블록체인의 사업

스타트업은 블록체인 세계시장의 화폐가치, 주식, 자산이 될 수도 있지만 아직 아무것도 아닌 암호화폐와 블록체인 기술의 본질은 확장된 시각으로 봐야 한다.

왜 우리나라에서는 암호화폐나 블록체인 광풍이 불어 왔을까?

일확천금을 노리는 투기꾼들이 우리나라에 유독 많았기 때문이다. 암호화폐에 대한 국민들이 이해가 평균이상으로 높아서였을까? 그렇지 않다. 소득이 불균형, 기회의 불평등, 자본의 양극화, 학벌의 대물림이 심각한 현실에 대한 청년층의 불안과 절망, 분노를 의미하는 헬Hell조선을 빠져나갈 출구를 암호화폐에서 봤기 때문이다.

출처 : KALST바이오 및 뇌공학과 교수인 정재승교수의 중앙시평에서 발췌

블록체인 산업에 적합

블록체인은 전 세계적으로는 높은 관심을 불러일으키고 있다. 아직은 특정직에 있거나 학문적으로 접해 보지 않는 일상적인 생활자들에게는 익숙한 단어의 용어에 불과하다. 그렇지만 매스컴 및 젊은 자녀를 둔 생활자들은 한두 번을 들어본 단어일지 모른다. 블록체인은 인터넷문화시대를 넘어 제4차 산업의 기반이 될 기술임에는 분명하다.

그러면 이런 새로운 기술은 근대산업시대와 같이 전문 특정인들만이 공유, 연결, 거래 교환의 수단으로 선점될 수 있는 기술이다.

사물인터넷IoT 이용해 와인에 센서를 부착하고 여기서 생성된 데이터 블록체인화 하여 제품의 신뢰도가 높아진다.

블록체인은 인간의 삶

블록체인의 기술개발로 생활의 변화하고 인간의 삶의 변화는 굉장히 빠르게 변할 것이다. 변하지 않은 것이 있다면 변하고 있다는 사실이다.

블로코는 기업들은 블록체인을 받아들이는 것에 있어 서비스에 활용할 수 있는가를 중요한 비즈니스 모델이다

블로코는 범용 엔터프라이즈 블록체인 플랫폼과 블록체인 기반 애플리케이션을 개발 및 구축하고, 블록체인 관련 자문 서비스를 제공하는 블록체인 전문기업이다.

한국거래소의 스타트업 장외주식 거래 플랫폼, 경기도 주민 공모사업 전자투표, 롯데카드 앱 카드 결제 등 제1금융권과 공공기관을 중심으로 블록체인 서비스를 제공하고 있다.

블록체인과 일상의 도움

　블록체인은 혼자 사용하는 인프라가 아닌 여럿이 동시에 접속 연결하여 거래 또는 정보를 공유한다. 인터넷도, 클라우드도 마찬가지이다. 컴퓨터 및 인터넷을 여럿이 사용하지 않고 혼자 접속하여 사용한다면 블록체인의 큰 의미가 없을 것이다. 왜냐하면 여럿이 사용하지 않고 혼자만 쓴다면 하드웨어에 저장 클라우드에 저장할 필요성이 없기 때문입니다. 그런데 서로의 공유해야 할 공공 작업이 필요한 것들은 클라우드에 저장하거나 올려놓고 서로간의 자료 및 정보를 공유하여 행위가 이루어질 것이다. 블록체인의 기술개발로 이러한 부분이 자동으로 저장되거나 거래자P2P간의 공유하고 인식할 수 있는 프로그램이다.

블록체인의 가치

　블록체인의 기반으로 역사적인 관점에서 암호화폐가 화폐의 역할과 가치가 무엇인지? 먼저 화폐에 대한 정의가 필요하다. 학자들마다 제시하는 기준이 조금 다르기는 하지만, 일반적으로 화폐는 교환이 수단의 기능을 갖고 있으며 가치를 저장할 수 있어야 한다고 말한다.

　인류 최초의 화폐인 조개껍질로 출발하여 현재 지폐 형태의 화폐가 등장한 것은 그리 오래되지 않았다. 국가 간의 교류가 늘고 민간사업의 규모가 커지다 보니 코인을 사용하는 게 쉽지 않았다. 이러한 문제를 해결하기 위해 종이 지폐가 사용되기 시작했는데 사실 형태만 다를 뿐 기존의 화폐와 크게 다르지 않다고 볼 수 있다.

　형태의 화폐는 국가의 통치를 위해 여러 방면으로 사용되었다. 국가는 단순 교환 기능을 넘어서 일정한 가치 저장 기능까지 갖춘 화폐를 생산·배포했고, 이를 독점해 막강한 권력을 행사했다.

다시 말해, 인류 최초의 화폐인 조개껍질과 현재 우리가 쓰고 있는 달러화폐 모두 '가치 저장'의 기능보다 '교환'의 기능이 훨씬 더 강하다는 것이다.

따라서 암호화폐에도 교환의 기능이 개선된다면 충분히 화폐의 가치가 생길 수 있다. 앞에서 언급했듯 국내외에서 암호화폐의 사용처가 빠르게 늘어나고 있다. 높은 가격 변동성에서도 이미 실제 거래에서 적지 않게 사용되고 있다. 게다가 암호화폐에는 기존 화폐에 없는 분명한 장점들이다. 또한 시간이 지나서 암호화폐의 가치까지 안정화된다면 교환 기능이 더욱 활성화될 것이다. 현재 가장 많이 알려져 있는 대표적인 암호화폐가 비트코인으로 상용화되고 있다.

출처 : 김기영. 알기쉬운 블록체인과 암호화폐. 2018. 5

블록체인의 구분

블록체인에는 크게 다음 표와 같이 2종류로 분류 구분하고 있다.

퍼블릭과 프라이빗 블록체인의 구분

구 분	퍼블릭 블록체인 public lockchain	프라이빗 블록체인 private Blockchain
처리속도	약 1~15분 정도	실시간 진행
적용 범위	비트코인, 이더리움, 리플, 모네로, 대시	전문 기업 블록체인 및 협력에 적용
분산처리화 여부	O	O
탈중앙화 여부	O	×
법적 구속력 여부	상대적으로 자유로움	법규 준수 필요
기록 생성 권한 여부	누구나 생성 가능	허가된 특정 이용자
기록 검증 권한 여부	참여 및 검정 가능	허가된 특정 이용자
읽기 권한 여부	누구나 가능	허가된 특정 이용자
참여자 권한	불가능	허가된 특정 이용자

출처 : 저자의 재 작성

퍼블릭 블록체인 Public Blockchain

　퍼블릭 블록체인은 누구나 제약 없이 참여할 수 있다. 화폐 구입을 원하는 누구나 체인에 가담할 수 있게 열어 놓은 비트 코인이 바로 퍼블릭 블록체인의 대표적인 예다. 퍼블릭 블록 체인은 개방되어 있고 투명하기 때문에 화면상의 모든 사용자 가 모든 거래 내역을 투명하게 볼 수 있다.

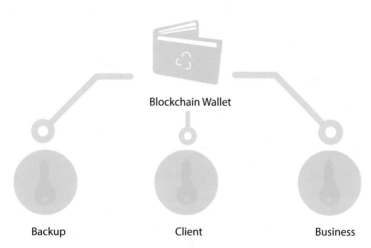

출처 : https://www.google.co.kr/search?q=Public+Blockchain&rlz=1C1VFKB_enK
R737KR808&tbm=isch&source=iu&ictx=1&fir=

프라이빗 블록체인Private Blockchain

프라이빗 블록체인은 중앙 권위체제에서 단독으로 관리하며 가입을 위해서는 승인 절차가 필요하다. 단일 기업이나 파트너 기업들 간에 주로 사용되는 형태로, 승인된 사용자들만이 체인에 참여할 수 있다.

일부 블록체인의 경우 51%의 동의를 얻어내야 한다. 블록체인은 그보다 더 많은 사용자들의 동의가 필요하다. 이처럼 약

출처 : https://www.google.co.kr/search?q=Private+Blockchain&rlz=1C1VFKB_en
KR737KR808&tbm=isch&source=iu&ictx=1&fir

간의 차이는 있지만, 기본적으로 블록체인은 거래 장부 변경이 불가능하고, 사용자들의 동의를 기반으로 거래가 이루어지기 때문에 그 어떤 네트워킹 기술보다 더 안전하다. 그렇지만 블록체인 기술이 애플리케이션 소프트웨어 및 암호화 기술에 의존하고 있는 것도 사실이며, 오늘날 블록체인 기술을 개발, 제공하는 수백 개의 스타트업들 중에는 아직 검증되지 않은 알고리즘을 사용하는 곳들이 적지 않다.

블록체인 같은 기술은 해킹으로 불안해 하지 않는다. 그보다는 소프트웨어상의 취약점으로 인해 깨질 확률이 더 높다고 지적했다.

블록체인의 진화

블록체인은 다양한 인더스트리에서의 혁신과 생산성을 향상시킬 수 있는 '범용기술'이자 혁신을 촉진하는 '인네이블러 기술Enabler Technology'이다. 이는 독자적으로 구현되는 기술이자 동시에 사물인터넷, 데이터, 인공지능AI 등 4차 산업혁명을 특징짓는 다양한 디지털 기술, 프로토콜들과 융복합되어 발전을 가져오는 것을 말한다.

스타트업계의 블록체인의 역할

블록체인 산업 적용 가능분야

블록체인은 인간의 삶의 변화

블록체인의 가치

블록체인의 종류와 진화

블록체인 이해와 암호화폐

BLOCK CHAIN

PART 02

BLOCK CHAIN

암호화폐ICO의 비밀

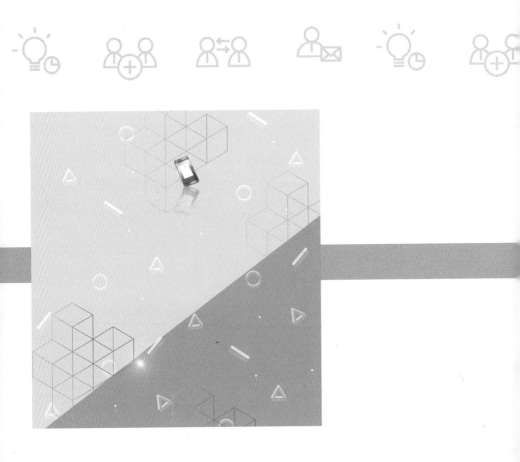

CHAPTER 01

암호화폐ICO란 무엇인가?

블록체인은 자동차이고 암호화폐는 연료이다. 암호화폐는 현금과는 다른 자산이다.
자연은 결과의 기법이다. 뿌리는 전기이고 컴퓨터이다. 줄기는 라인을 형성하는 블록
체인이고, 가지는 암호화폐 이다. 그리고 모든 참여자가 네트워크를 통하여 공유한다.
암호화폐는 블록체인의 일부이다. 비트코인은 암호화폐 일종으로 성공한 최초의 단일
화폐이다. 암호화폐ICO가 2030년까지 법적 통화화폐로 10%-20% 내외로 대체화폐
가 될 것으로 본다.

암호화폐ICO란 무엇인가?

블록체인은 바탕이고 암호화폐는 필드이다. 블록체인은 다양한 분야의 활용 가치에 따라 블록체인은 자동차이고 암호화폐는 연료가 될 수 있다. 비트코인을 작동하는 데 필수적인 도구는 디지털 암호기술로 만들어 것이 암호화폐이다. 암호화폐 가져오는 핵심은 블록체인 응용기술이다. 암호화폐가 세상에 나온 후 많은 사람들은 돈과의 연관을 기술로 인식하기 시작했다. 비트코인은 필두에서 행해지는 모든 것에 비유할 수 있다.

출처 : 애덤로스타인. 홍성욱 옮김. 2017

블록체인은 첨단 IT 기술을 기반으로 탄생된 암호화폐이다. 이는 금융 산업의 변화와 함께 2009년 1월 3일 기점으로 온라인상에 거래가 최초로 시작하였다. 우리나라를 포함해 전 세계 경제의 흐름에 막대한 영향력을 행사하고 있는 암호화폐에 대한 열기가 뜨거워지면서 암호화폐를 투기의 수단으로 이용하는 사람들 역시 많아졌다. 우리나라도 2017년 말부터 비트코인에 대한 관심이 급격히 상승하면서 젊은 층 중심으로 암호화폐는 더 이상 낯선 존재가 아니다. 그런데 비정상적인 투기 과열로 인한 부작용이 발생하고 있는 가운데 정부는 암호화폐 거래소 폐쇄까지 고려하는 등 강경한 입장을 취했다.

프레이는 "비트코인은 부동산 판매와 비슷하다"고 설명했다. 자산의 소유권을 변경하는 것처럼 비트코인 판매는 비연속적 디지털 코드를 다른 이에게 내주는 것을 의미한다. 기업들은 일반거래에 비트코인을 더 쉽게 사용할 수 있도록 노력하고 있다.

비트코인 가치는 떨어졌고, 다른 암호화폐들은 주목을 받기 위해 경쟁을 벌이고 있지만 암호화폐 자체가 무너지지 않을 것으로 본다. "암호화폐가 주기적으로 변하는 주식, 채권 등 전통적 투자와 유사하다고 생각한다. 하지만 암호화폐의 변동성이 훨씬 크기 때문에 정말 조심해야 하는 이유는 투자 영역"이라고 보면 된다.

암호화폐의 개념

정부는 주요 기술로 인식하고 육성 방안을 내놓고 있다. 핵심가치인 블록체인에 대해서는 활성화 시키고, 암호화폐는 규제하는 쪽으로 논의 되고 있다. 블록체인 기술을 기반으로 하는 암호화폐는 기존 '화폐'에 대한 기본 개념을 뒤바꾸었다. 암호화폐는 정부나 특정 기관을 매개로 한 거래 시스템이 아닌, 개인과 개인이 인터넷을 통해 직접 연결되어 파일을 공유하는 'P2P Peer to Peer' 방식으로 거래, 교환이 된다. 즉, 하나의 블록암호화폐 정보를 다수의 사용자와 공유함으로써 이중 사용을 방지하고 모든 정보의 비대칭적 보유를 방지한다. 이러한 암호화폐의 특성은 기존 화폐에서는 찾아볼 수 없는 혁명적인 개념이다.

블록체인은 비트코인이 아니다. 기술 개발 목적이 상한 암
호화폐도 아니다. 비트코인은 수많은 암호화폐 중 하나이고
암호화폐는 블록체인이라는 기술을 이용해서 만든 성공적인
사례 중 하나에 불과하다.

출처 : 김기영. 블록체인 암호화폐, 2018. 5

🐷 암호화폐의 세계

미래학자 토마스 프레이Thomas Frey는 암호화폐는 생활의 일
부가 될 것이다. 암호화폐가 2030년까지 법정화폐의 10~20%
내외로 대체할 것이라고 예측했으며, 암호화폐를 훨씬 더 효
율적인 시스템으로 평가했다. 암호화폐가 지난 2년간 새로운
자산으로서의 가능성을 보여줬다. "암호화폐 투자가 기하급
수적으로 증가할 것"이라고 덧붙였다. 블록체인의 익명성으
로 인해 많은 사람들은 디지털 자산에 대한 납세의 의무를 피
하고 있지만 곧 과세 대상이 될 것으로 예상하고 있다.

암호화폐의 접근방식

암호화폐에 대한 접근방식은 기술적 접근, 제도적 접근, 산업적 접근으로 크게 나눌 수 있다.

 기술적 접근

무엇보다도 암호화폐의 근간인 핵심기술인 블록체인 기술의 발전과 활용 방안을 넓히고 기술에 대한 이해를 확장해 나가는 것을 말한다.

블록체인의 기본 기능에 스마트계약 기능을 추가하거나 익명성을 한층 더 강화한 기술 등이다.

블록체인의 기술은 4차 산업혁명시대의 접어들면서는 첨단기술로 주목받고 있다. 경제협력개발기구OECD나 세계경제포럼WEF, World Economic Forum도 인정하고 있다. 세계 초일류 기업과 선진국도 관심과 투자를 늘리고 있다.

　블록체인은 연결과 분산의 기술로서 의료 데이터, 정부 행정서비스, 사물인터넷IoT 등과 연결하면 가상의 세계가 현실로 접어들기 위하여 범위를 넓히고 있다.

또한 블록체인은 어떤 정보를 '블록'이라는 일정 구간에 저장하고, 정보가 추가 또는 변경됐을 때 블록체인은 한층 더 보완·발전시킨 기술도 선보이기 시작했다. 모든 참여자가 네트워크를 통하여 공유한다. 블록체인은 '연결과 분산의 기술'이며 한 번 기록된 데이터는 위조나 변조가 어려운 특성이 있다. 그동안 블록체인 기술은 국제 송금, 소액 결제 등 주로 금융 분야에 활용하고 있다.

제도적 접근

기존 법정화폐와의 관계 정립을 보다 구체적으로 하는 한편 우리나라 정부는 아직까지 뚜렷한 법규나 암호화폐에 대한 정의 그리고 그로 인한 거래교환 비용에 대한 제도들이 미미한 상태에 있어서 제도를 세밀하게 만들어나가는 과정이라고 할 수 있다, 제도적 접근이 될 거래교환 비용 산출근거가 없기 때문에 아직 법적·제도적 장치가 여러 가지로 미흡한 실정이라고 하고 있는 것이다.

우리나라에서는 이를 금융의 한 분야가 아닌 통신판매업자로 분류하여 취급하고 있다. 정부가 일찍이 비트코인 등 암호화폐의 거래교환 과열에 우려를 표방하며 규제 가능성을 보이고 있다. 중앙은행은 암호화폐의 존재를 인정하기 어려움 점이 있다. 암호화폐는 P2P네트워크와 블록체인 기술을 통해 탈중앙화란 가치를 내걸고 탄생하면서 중앙은행 본연의 기능을 부정하고 있기 때문이다.

산업적 접근

암호화폐를 하나의 산업으로 인식함으로써 관련 분야의 부가가치를 키워나가는 방식이다. 암호화폐를 산업적 가치로 실질적으로 건전한 투자 대상으로 활용 방안을 넓혀 나가면서 경제적 가치를 높여 나아가는 산업적 도구로 활용 방안을 강구해야 한다.

우리나라는 아직까지는 투자자의 보호라는 차원에서 원천적으로 암호화폐ICO를 불인정하는 현실에 있다.

출처 : 이철환, 암호화폐의 경제학, 2018. 2

전자화폐Electronic Money란?

　전자화폐Electronic Money는 가치저장 형태에 따라 크게 IC카드형Integrated Circuit Card과 네트워크Network형으로 분류된다. IC카드형 전자화폐는 플라스틱카드에 IC회로를 내장하여 안전성 및 자료처리 용량 면에서 기존 MSMagnetic Stripe카드보다 기능을 대폭 개선한 것으로 1998년 3월 영국 Mondex가 처음 도입한 이래 현재 75여개국에서 도입을 추진하고 있다. 네트워크Network형 전자화폐는 공중정보 통신망과 연결된 컴퓨터 기기 등을 이용하여 디지털방식으로 저장하였다가 인터넷 등 네트워크를 통하여 전자상거래에 적용된다.

　우리나라에서도 전자화폐 개발이 진전됨에 따라 2000년부터 전자화폐가 상용화되어 왔으며, 무분별한 신용카드 발급으로 신용회복의 어려운 문제점이 있었으나 과도기적 시기를 넘어 민들이 보다 편리하고 안전하게 사용되었다. 전자화폐는 국민 경제적으로도 현금통화를 대체함으로써 화폐 발행비용 제조 원가가 절감하는데 기여하였다.

암호화폐와 암호화폐의 비교

암호화폐Virtual Currency는 근대 산업적 자본주의 들어오면서 각 나라별 중앙은행에 의한 화폐의 독점 발행과 관리를 통해 금융시장을 관리 유지해 왔으나, 4차 산업 시대에 접어들 오면서 거래 교환수단으로 근대적 개념의 화폐시스템을 부정하고 새로 등장한 암호화폐다.

암호화폐의 가장 중요한 특성은 발행 주체가 없다는 점이다. 법정화폐는 나라별 중앙은행의 통제 하에 발행되며 최종

적으로 그 국가에서 책임지고 보증하는 신뢰성을 갖는 화폐이다.

암호화폐는 국가가 발행하는 법정화폐가 아니고 네트워크로 연결된 공간에서 전자적 형태로 사용되는 디지털 화폐를 통칭하고 있다. 암호화폐는 비트코인의 묶음 단위이다.

암호화폐ICO가 통화화폐로 대체

전 세계적으로 암호화폐ICO를 전면 금지한 국가는 한국과 중국 정도밖에 없다, 다수의 전문가는 ICO에 대한 좀 더 현실적이고 유연한 접근이 필요하다고 주장하고 있다.

미래학자인 토마스 프레이Thomas Frey는 암호화폐는 생활의 일부가 됐다. 암호화폐가 2030년까지 법정화폐의 10~20% 내외로 대체할 것이라고 예측하며 암호화폐를 훨씬 더 효율적인 시스템으로 평가했다.

다양한 디지털 코인을 거래하고 있는 암호화폐 시장은 일반인들에게는 편리하고, 흥미롭고 한편 무섭게 보이기도하면서 미스터리하게 보인다. 암호화폐 분야의 개척자인 비트코인은 최근 몇 달 동안 급증과 급락의 양상을 나타냈다. 그리고 여러 가지 새로운 암호화폐의 ICO암호화폐가 무서운 속도로 증가하고 있다. 일부 금융 전문가들은 여전히 암호화폐에 대해 회의적이다. 하지만 암호화폐에 투자된 막대한 돈에 대해서 무시하기는 늦은 감이 있다. 기술 분야의 트렌드를 연구하고 예측하고 있는 두 명의 저명한 미래학자들에게 암호화폐의 방향에 대해 그리고 암호화폐에 주의를 기울여야 하는 이유이다.

암호화폐는 보다 효율적이기 때문에 새로운 자산으로 번영하게 될 것이다.

암호화폐는 현금과는 다른 자산

　인터넷상의 보안 블록체인과 연계되어 있는 디지털 코인은 전통적인 화폐와는 달리 국가와 관계를 가지고 있다. 캔튼 박사는 이를 '블록체인 경제'의 한 부분에 있다고 하고 있다. 미국의 국세청에서는 암호화폐를 실제 화폐가 아니라 자산제품/상품으로 분류하고 있다.

　비트코인은 주식을 사고파는 거래를 하는 것과 같다. 재산의 소유권을 변경하는 것과 마찬가지로 비트코인을 파는 것은 클라우드 상에서 별개의 디지털 데이터 집합digital chunk을 타인에게 양도하는 것을 의미한다.

　비트코인은 다른 암호화폐가 주목을 끌게 되면 내려갈 수 있다. 그러나 암호화폐 자체가 붕괴하는 것은 아니다. 「캔튼 박사」는 암호화폐 투자는 전통적인 주식과 채권 투자와 마찬가지로 순환주기를 거치게 된다. 암호화폐의 변동성이 크다.

하지만 암호화폐 시장은 투자 포트폴리오를 신중하게 실험해야 하는 영역일 뿐이라고 말했다.

암호화폐는 상거래를 크게 변화시킨다. 암호화폐는 이를 심각하게 받아들여야 하는 중앙은행 금융 시장의 혼란을 일으키게 된다.

서로 공조를 위해 협력하고 공익을 위해 암호화폐의 기술을 활용함으로써 암호화폐의 잠재력을 활용하면서 불법 활동의 피난처가 되거나 금융 취약성의 근원이 되지 않도록 해야 한다.

P2P거래가 이루어지며 중개자와 감시가 없는 암호화폐 시장은 투자자에게 매력적이며 은행과 금융 마케팅 전문가에게 지불할 수수료를 절감할 수 있다.

태국은 은행별 자회사로 암호화폐 거래소를 운영하고 있다.

비트코인 등 암호화폐의 놓은 변동성은 성숙한 자산이 되기 위한 중요한 과정이며 올해에도 변동성은 계속될 것으로 예상하지만 근본적으로 비트코인은 강세를 보일 것'이라고 말했다.

블록체인을 기반으로 하여 전통화폐보다 국가와의 관계에

서 자유롭다. 캔턴은 이를 '블록체인 경제'라고 불렀다. 미국 국세청(IRS)도 암호화폐를 화폐가 아닌 자산으로 보고 있다.

「프레이」는 "비트코인은 부동산 판매와 비슷하다"고 설명했다. 자산의 소유권을 변경하는 것처럼 비트코인 판매는 비연속적 디지털 코드를 다른 이에게 내주는 것을 의미한다. 기업들은 일반거래에 비트코인을 더 쉽게 사용할 수 있도록 노력하고 있지만 아직까지는 결제 시 사용할 수 있는 일반적인 거래 통화 수단이 아니다.

암호화폐의 역사

암호화폐의 역사를 되짚어보는 것은 매우 중요하다. 지난 10여년간 벌어진 사건을 연대기적으로 살펴봄으로써 개별 사건들의 연관성을 파악하고 내포된 의미를 추론해내는 것은 유동성이 높은 암호화폐 시장을 제대로 이해하는 데 꼭 필요한 요건이다.

　연대기적으로 정리하고 분석한 내용을 통해 일반인이 잘 모르는 암호화폐의 특성을 알기 쉽게 설명하면서 현실적인 전망과 조언을 제시하고 있다. 따라서 독자는 이 책을 통해 암호화폐에 관한 다양한 정보를 습득하면서 실제적인 투자에 대한 안목을 기르고 암호화폐의 미래를 전망해볼 수 있다. 나아가 21세기 통화 정책의 방향에 대한 큰 그림까지도 그려볼 수 있다.

　흔히 암호화폐라고 부르는 이 암호화폐는 어느 날 갑자기 등장한 것이 아니다. 1983년에 이미 그 개념이 등장하기 시작했고, 암호화폐와 관련된 아이디어와 기술을 발전시켜 왔다. 그로부터 10년 후인 2008년 8월 18일 비트코인의 인터넷 도메인bitcoin.org이 등록되었고, 2008년 10월 31일 '사토시 나카모토Satoshi Nakamoto'라는 가명의 인물이 「비트코인 백서」라는 논문2009. 1 .3을 인터넷상에 온라인하면서 암호화폐의 용어가 일반화되기 시작하였다.

거래 규모는 전 세계적으로 증가하고 있으며 일본과 독일, 미국처럼 암호화폐를 자산으로 인정하고 관련 법규를 정비하는 등 본격적인 암호화폐 사용에 대비하는 국가들이 늘어나고 있다

암호화폐가 본격적으로 거래된 이후로 크고 작은 사건들이 벌어지고 있다. 거래소 해킹을 비롯해 가격의 급등락 문제, 투기 관련 문제 등 암호화폐 사용자들의 불안을 가중시키는 사건들이 이어지고 있다. 우리나라의 경우 관련 정부 기관의 선부른 판단과 발표로 암호화폐 사용자들의 불안을 더욱 가중시키고 있다.

블록체인 기술을 기반으로 한 디지털 화폐,
암호화폐는 블록체인 기술의 일부다.
비트코인, 이더리움 대표적인 화폐

개발자, 발행인, 참여투자자, 운영자/관리자가
암호화폐에 관여한다.

암호화폐는 현금과 다른 자산이다.

암호화폐(ICO)가 2030년까지 법적 통화화폐로
대체할 것이다.

CHAPTER 02

암호화폐의 활용

인류 문명이 만들어낸 거래수단인 지폐화폐에서 편리한 교환수단인 암호화폐는 자본
주의 경제사회를 유지하는 근간이 되었다. 암호화폐는 비트코인의 바탕 위에 만들어진
거역 할 수 없는 사회현상으로 희망과 불안감을 동시에 주었다. 암호화폐 등장은 금융
산업의 신선한 충격이며, 자산과 자본의 자유로운 이동이다.
정보를 수집하는 중앙기관이 없이 이용자가 한정될 수밖에 없다.

암호화폐는 교환수단

　인류 문명이 만들어낸 거래 수단인 종이화폐에서 편리한 교환수단인 암호화폐는 자본주의 경제사회를 유지하는 근간이다. 암호화폐는 비트코인 바탕 위에 만들어진 자본주의 경제에 희망과 불안을 동시에 주었다. 다양한 이념과 욕망을 한곳에 집중시킨 암호화폐는 실로 마법적Magical이라고 해도 틀린 말은 아니다. 블록체인은 연대순으로 나열된 비트코인 거래들의 공공내역서로 모든 사용자에게 공유된다. 은행과 신용카드 회사 및 보험회사, 무역회사 등의 지불증명을 위해 얼마나 많은 절차와 자원을 필요로 하는지 그리고 그것을 통제하는 시스템이 얼마나 큰 권력을 소유하고 있는지에 대해 생각해본다면 블록체인의 순기능과 가능성을 충분히 이해할 수 있다.

출처 김기영. 블록체인과 암호화폐,2 018. 4

암호화폐의 가치척도

암호화폐는 일반적으로 가치
의 저장, 가치의 교환의 매매기능
역할을 수행한다. 물물교환의 대
상이 될 만큼 가치 실체가 있어야
하며 전 세계적으로 쓸 수 있을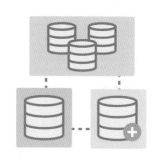
만큼 수량이 충분해야 하며 그 가치의 변동성이 크지 않고 안
정적이어야 한다.

그러나 대표 가상통화인 암호화폐는 어떠한가? 신용을 보장

해 줄 발행주체가 없다. 정해진 공급량과 채굴량에 대해 시장 참여자들의 암묵적 합의로 가치가 형성되어 있을 뿐이다. 적정한 가치에 대한 평가가 부재한 것이다. 물론 가치의 저장기능은 가능할 수 있으나 그 가치의 변동성으로 인해 교환의 기능은 힘들 것으로 판단 할 수도 있다.

암호화폐의 가격상승

암호화폐는 제한된 공급량과 수요증가로 위안화 약세에 따른 중국자금 유입 등으로 가파른 가격 상승세가 나타나 신규매수 및 추가 매수하기에는 부담스러운 것이 사실인데 단기현상으로 버블임에도 불구하고 암호화폐 시장이 사업 초기라는 점, 그리고 4차 산업혁명시대의 필수기술인 블록체인이 우수한 보안성을 기반으로 다양한 산업으로 발전이 가능하며 또 다른 획기적인 암호화폐가 언제든가 출시 가능하며 제한된 공급량이라는 암호화폐의 희소가치의 부각과 주식거래 대비 차별화 부각요인으로 인식하며 선진국에서 자산으로 인정을 받고 있다는 점 등을 감안하면 여전히 추가 상승도 가능하다고 판단되기 때문이다.

출처 : 이용갑. 비트코인 경제학, 2017.4. 북새바람.

암호화폐의 정세

암호화폐의 가격상승

암호화폐의 가치척도

암호화폐는 교환수단

암호화폐의 회계처리

암호화폐 저장 수단

CHAPTER 03

암호화폐의 규제

암호화폐는 세계적으로 전문가들 사이에 기대반 우려반 암호화폐 시장을 주시하고 있다. 독일은 가장 먼저 비트코인을 공식 화폐로 인정한 국가이다. 2013년 8월 독일은 비트코인을 지급결제 수단임과 동시에 하나의 금융상품으로도 취급함으로서 소비세는 물론이고 발생한 차익에 대해서도 과세하고 있다.

시장경제학 연구자들은 이런 혁명적인 일이 가능할까? 인터넷이 오프라인 경제를 온라인 경제로 바꾸어 놓았다면 블록체인은 실질적인 분산화와 권력이동을 통해 새로운 협의의 시스템을 만들어 질 것이다. 우리나라 암호화폐 거래규모는 전 세계에서 3위권에 들어갈 정도로 암호화폐에 대한 관심도가 높다.

암호화폐ICO의 규제

🐷 암호화폐의 거래 규모

최초의 암호화폐인 비트코인이 2009년 탄생한 이후 지금까지 2,000여개의 암호화폐로 세계 곳곳에 거래되고 있다. 비트코인의 가격은 탄생 이후 불과 수년 만에 1억 배 이상 뛰었다. 세계 암호화폐의 전체 상장시가 규모는 2018. 1월 최대 8,400억 달러까지로 치솟았다. 이 수치는 세계 17대 경제대국인 터키의 GDP기준 경제 규모와 비슷한 것이다. 국내 시장에서의 하루 거래량도 폭발적으로 늘어나 코스닥시장 규모를 능가하여 평균 7~10조원 규모 이상에 달한다.

⠿ 암호화폐 시장 규모 비교

- 3,000억 달러 : 삼성전자 시가총액
- 8,400억 달러 : 암호화폐 시가총액
- 8,600억 달러 : 터키 경제 규모
- 1조 4,110억 달러 : 한국 경제 규모

※ 경제 규모는 2016년, 암호화폐와 삼성전자(2018. 1월 기준)

 ## 암호화폐의 나라별 견해

여러 국가에서는 암호화폐에 대해 신중히 접근해 오고 있다. 중국은 세계에서 비트코인을 가장 많이 보유하고 있으며, 채굴량도 세계 최대의 채굴장비 업체 비트메인에 투자 활동하는 등 세계적으로 비트코인 거래량도 약90%를 보유하고 있으며, 2013년 12월 비트코인의 결제 중지를 요청했으며, 중앙인민은행은 2017년 9월에 ICO 전면금지 발표하기에 이르렀고 급기야 일부 거래소가 폐쇄를 결정하게 되었다. 이웃나라인 일본에서는 2017년 4월에 개정한 자금 결제 법에 따라 암호화폐에 대한 정의나 이용자 보호를 위한 암호화폐 교환업의 등

록제 도입 등을 실시하였다.

우리나라는 2017년 9월 암호화폐ICO의 규제와 처벌에 관한 검토를 시작하였다. 영국은 2017년 9월 ICO투자에 대한 주의를 환기 시키고 ICO가 증권거래소로 간주하여 안내책자 발행하고 있다는 견해를 발표하였다 싱가포르 역시 2017년 8월에 이미 조건에 맞는 증권거래소와 같이 간주하여 암호화폐 거래소 설치를 발표하였다.

암호화폐의 인정 가치

ICO는 일부 나라에서는 법적화폐로 인정받지는 않고 있지만 개인 간에 화폐가치로 거래되고 있다. 따라서 실생활에 필요한 화폐로 인정받기 위해서는 미비한 제도적·법적 문제점을 해결해야 하는 숙제가 산적해 있다.

암호화폐를 화폐로 인정하기 어렵다는 측의 논의는 두 가지로 지적할 수가 있다. 하나는 암호화폐는 아무런 내재가치가 없다는 것이다. 즉 화폐는 사용자들이 모두 인정하는 객관적인 가치가 있어야 한다는 것이다.

다른 하나는 암호화폐 거래 가격의 유동성이 등락폭이 크다 보니 화폐로서의 아직 역할이 부족하다는 것이다. 지난 과거를 보면 암호화폐 투자 열풍이 거세게 불던 2017년 12월과 2018년 1월에는 가격 급등락 현상이 심하게 있어왔다. 이에 많은 나라에서 암호화폐에 대한 기준을 정립하는 중에 있다.

🐧 암호화폐의 규제와 입장

현재 우리나라는 암호화폐를 화폐 내지 지급결제 수단으로 인정하지 않고 있다. 그리고 재화나 자산으로 이전하지도 않고 아무런 법적 실체가 없는 암호화폐로 보고 있다. 우리나라 정부는 2017년 9월 기술·용어 등에 관계없이 모든 형태의 ICO를 금지한다는 방침을 내놓았으며, 2017. 12월에 두 차례에 걸쳐 '암호화폐 거래에 대한 규제대책'을 마련하여 발표하였다. 이에 의하면 미성년자와 외국인의 신규 거래를 불허했다. 또한 금융회사가 암호화폐를 보유·투자하거나 담보로 잡는 것도 금지하기로 했다. 이러한 정부의 규제강화 방침은 2018년 들어서도 이어지고 있다. 암호화폐 거래소 폐쇄 문제도 검토될 수 있다는 발표까지 나왔다. 금융위원회FSC는 규제 기관이 암호화폐에 반대하지 않고, 자금세탁방지 및 기타 불법 활동에 대한 수정안을 발표했다고 밝혔다.

우리나라 정부는 암호화폐에 대한 국제적인 협력을 요구하고 있으며, 또 다른 관계자는 아직 규제를 확립하는 초기 단계에 머물러 있다고 말하고 있다. 또한, 정부기관 간의 광범위한 평가로 인해 통일의 획일화가 어렵다고 생각하고 있다.

암호화폐 거래 실명제의 흐름도

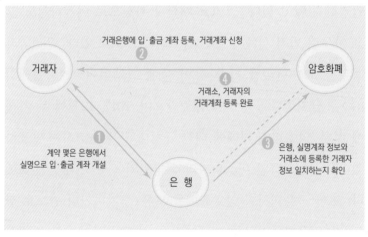

자료 : 금융위원회FSC 저자의 의견 반영 재정리

정부는 암호화폐에 대한 투기적인 특성 때문에 그깃들을 '비금융 상품'으로 간주한 바 있다.

모든 국가들은 암호화폐에 대한 어느 정도의 규제는 필요하지만 관련 정보가 부족하다는 점을 인정했다.

암호화폐ICO 규제

 암호화폐ICO가 안고 있는 문제점

암호화폐ICO가 안고 있는 문제는 여러 가지가 있다. 우선 자금의 추적이 어렵다는 점, 기존의 은행 등 금융기관이 관여하지 않기 때문에 통화의 흐름 추적이 쉽지 않다는 점, 국경을 초월하여 거래가 이루어지기 때문에 해외로부터 정보를 취득하거나 이를 이용하기가 곤란하다는 점, 암호화폐 이용자 정보를 수집하는 중앙기관이 없기 때문에 정보원이 한정될 수밖에 없다는 점, 암호화폐의 동결 또는 보호가 어렵다는 점, 암호화폐를 보유하고 있는 투자자들의 자산을 보호하기 어렵다는 문제점들을 들 수 있다.

날이 갈수록 암호화폐의 활용도가 크게 늘어나고 가치 또한 상승하고 있지만 물품의 매매 거래마다 소비자에게 부과하는 부가가치세 등 간접세나 소득세 및 법인세를 부과하기가 암호화폐 계좌의 익명성 때문에 쉽지 않다. 또한 국가경제가 지하경제로 변형되거나 사기와 횡령 등 다양한 범죄수단으로 확산될 가능성으로 국가적 문제점으로 지적되고 있다.

암호화폐 거래와 관련된 다양한 위험 요소들에 대처하기 위한 철저한 안전장치가 필요하다.

온라인 상 범죄 유형을 몇 가지만 소개하면 다음과 같다.

첫째, 인터넷 포털 사이트에 채팅 방을 개설하여 거래 회원을 모집하여 정보 댓가로 금전을 탈취하는 행위.

둘째, 암호화폐 채굴Mining에 참여하면 일정 수익을 보장한다며 투자자를 모집하는 사기 행위.

셋째, 정상적인 거래소에 인터넷 주소와 같이 동일하게 위장한 피싱 사이트Fishing Site에 연결되도록 하여 ID와 비밀번호를 입력 유도된 투자자의 실제 계좌에서 암호화폐가 인출하는 행위.

넷째, 신규 암호화폐 발행을 미끼로 투자자를 모집하거나 투자를 대신해 준다며 펀드 형태로 돈과 금융정보가 탈취되는 문제점들이 무수히 많다.

암호화폐의 시장경제

 ## 오스트리아 학파

암호화폐에 가장 우호적인 경제학자들은 오스트리아 학파다. 신자유주의로 대별되는 이들의 경제관은 1%에 의해 운영

되는 방식이 아니라 99%의 강도로 자율적 게임을 통해 나타나는 자발적 질서를 중시하는데 반해 탈중앙화 자율적 시스템을 지향하는 블록체인의 사상과 동일한 유전자를 가지고 있다.

2차 세계대전과 전후 냉전체제를 거치면서 오스트리아 학파는 케인즈 학파에 비해 소수 의견으로 여겨졌던 것도 사실이다. 그러나 1970~1980년대 경기 침체를 거치면서 밀턴 프리드먼Milton Friedman, 1912~2006과 같은 신자유주의 경제학자들의 이론이 다시 각광을 받았고, 2008년 미국 금융위기 당시 등장한 비트코인은 99%의 혁명을 통해 새로운 경제시스템을 건설하자고 나오고 있는 것이다.

케인즈 학파

반면 암호화폐에 부정적인 견해를 보이는 경제학자들은 케인즈 학파다. 노벨경제학상 수상자이기도 한 폴 크루그먼 교수는 비트코인은 거품이고 사기고 골칫덩어리라고 혹평하는 입장이다. 그도 그럴 것이 케인즈 학파는 1929년 미국 경제대

공황이 왔을 때 정부의 강력한 개입과 통화/재정정책을 통해 해결해야 한다고 주장한 존 케인즈John Maynard Keynes, 1883~1946 의 이론을 계승하는 경제사상이기 때문이다.

애덤 스미드

19세기 오스트리아에 모인 학자들은 애덤 스미스의 '보이지 않는 손'을 신봉했다. 이들의 이론은 '분산된 지식을 분권화된 경쟁 체제가 얼마나 효율적으로 이용할 수 있는가'에서 출발한다. 즉, 서로 다른 가치체계와 지식을 가진 개인들이 서로 필요한 물건과 서비스를 주고받는 자율적이고 창의적이고 발전적인 시장경제관을 가지고 있는데, 이들은 경제를 '이코노미'라고 부르는 것도 반대한다. 영어 '이코노미'의 어원은 고대 그리스어 '오이코노미아oikonomia'인데, 집이라는 뜻의 'oikos'와 관리한다는 'nemo'의 합성어다. 즉, 집을 잘 경영하는 학문 또는 기술이라는 의미를 내포하고 있다.

오스트리아 학파의 경제관

오스트리아 학파는 누군가가 누군가를 경영한다는 생각을 탐탁지 않게 여기는 것이다. 대신 카탈락티스Catallactics라는 용어를 사용하기도 했다. 교환학 또는 시장학이라 번역할 수 있는 카탈락티스의 어원은 고대 그리스어 카탈라테인katalattein인데, 교환하다, 커뮤니티 출입을 허가받다, 적에서 친구로 변하다 등의 의미다. 1%의 리더십에 의해 공동체衆를 운영하는 것이 아니라 99% 피어들의 자율적 커뮤니티가 형성되어야 한다는 신념을 가지고 있는 것이다. 자생적으로 조화와 균형을 이루어 나갈 수 있는 자동 메커니즘이 시장의 본질이고, 시장에서 소비자와 공급자 간의 무계획적인 상호작용인 카탈락시 게임을 통해 자발적 질서spontaneous order가 나타난다는 오스트리아 학파의 경제관은 블록체인의 사상과 일맥상통한다.

패러다임의 변화

　자본주의 시장경제를 지탱해온 경제학 이론을 알기 쉽게 소개하고 블록체인이 몰고 올 경제시스템의 모습을 상상할 수 있는 비전을 독자에게 제공한다. 자본주의 산업문명의 경제 패러다임이 소유와 경쟁이었다면 블록체인 생태계에서는 공유와 서로의 합의로 바뀐다고 말한다. 자본을 투입해서 산업을 일으키고 경쟁하면서 소유의 전쟁을 하는 것이 아니라 P2P 방식의 거래를 통해 자산을 공유하는 패러다임의 변화가 생겨난다는 것이다.

　위의 경제학 연구자들의 이런 혁명적인 일이 가능할까? 인터넷이 오프라인 경제를 온라인 경제로 바꾸어 놓았다면 블록체인은 실질적인 분산화와 권력이동을 통해 새롭고 획기적인 시스템을 만들고 있다.

　　　　　　　출처 : 김용태. 블록체인으로 무엇을 할 수 있는가, 2018, 5.

암호화폐의 특성

암호화 방식 채택과 발행량 제한 암호화폐의 종류는 2,000 개 내외가 된다. 비트코인이 출시된 이후 이를 기반으로 한 다수의 암호화폐들이 우후죽순처럼 쏟아져 나오고 있다. 이것들의 일반적 특성은 무엇보다도 암호화 방식을 취하고 있다는 점이다. 암호란 비밀을 유지하기 위하여 당사자끼리만 알 수 있도록 꾸민 기호를 말한다.

탈脫중앙화 자율 통제와 P2P분산 네트워크 암호화폐가 제3 자나 금융조직의 개입이 전혀 없는 개인 상호간 P2P 네트워크의 분산처리 방식을 취하고 있기에 가능하다. 법정화폐나 기존의 암호화폐는 금융조직이나 발행기관의 개입에 의해 이중 사용 방지라든지, 조작 방지, 가치 조절 등의 조치가 취해지고 있다. 익명성과 공개성 암호화폐를 얻으려면 우선 전자지갑을 인터넷상에서 개설해야 하는데, 개설 과정에 거래자의 개인

정보를 제시하지 않는다. 또한 암호화폐를 주고받는 거래는 단지 거래자가 생성한 주소를 통해 이루어지기 때문에 예금주에 대한 익명성이 보장된다.

출처 : 이철환. 암호화폐의 경제학. 2018. 2

생산적인 투자와 탐욕적 투기

자본주의 시장경제에서는 투자와 투기는 둘 다 자연적 시장이 필요하다. 투자나 투기로 이익을 추구하는 관점에서 보면 다를 게 없으며, 투자는 상품 이동을 통해서 얻는 이득을 말하는 것이고, 투기는 구매하는 상품의 상승가치의 차익을 얻기 위하여 교환하는 것이다.

이러한 양자 사이에 분명한 차이점은 존재할 것이다.

첫째, 자금을 운용하는 활동에서 차이가 있다. 부동산을 구입할 때 그곳에 공장을 지어 상품을 생산할 목적을 지닌 경우는 투자가 될 수 있지만, 부동산 가격의 인상을 기대하여 매입을 한 후 어느 시점에 이익을 남기고 다시 팔려는 목적을 두는 행위를 투기라고 한다.

둘째, 투자행위이든 투기행위든 이익을 추구하는 과정에 있어서도 차이가 있다. 투자를 통해서는 재화나 서비스가 생산되고 고용이 창출되는 등 경제활동이 이루어지면서 다양한 부가가치가 만들어 진다. 반면 투기과정에서는 불안한 요소들이 무수한 상태라서 불안한 현상으로 모든 것이 합법적이지 못하고 있기 때문에 사회적 경제적 문제를 야기한다.

셋째, 투자와 투기는 제공되는 정보의 질에 현저한 차이가 있다. 투자는 전문지식을 기반으로 다양하고 합리적인 정보들이 제공되지만, 투기는 질적으로 낮은 정보에 의존하는 경우가 된다. 투자는 정확한 데이터를 기반으로 미래를 예측하고 효용을 이끌어내는 활동이다.

넷째, 투자는 자산을 증가를 가져올 수 있는 확률이 높지만 투기는 리스크 관리가 어려움이 동반하는 가능성이 높고 실패

할 경우가 많다. 투자는 어떤 목적 달성을 위한 목표달성에 있어 위험을 줄이는 합리적 판단을 위한 정보 수집과 분석 등의 도구를 활용을 통해 것이 달성할 가능성이 높지만. 투기는 일확천금을 노리는 자세가 앞서다보면 일반적으로 시간적 타임에 있어서 실패요인을 파악하는데 놓칠게 되고 이로 인한 실패가 뒤 따르게 된다.

이 밖에도 장기적 수익을 목표로 투자하는 것이 투자라 하면, 투기는 짧은 기간에 수익을 기대하여 돈을 운영·관리하는 것이다. 적법성 여부에 따라 합법적이면 투자, 불법적이거나 혹은 도덕적인 문제가 동반한 투자라면 투기라고 불 수 있다.

출처 : 이철환. 암호화폐의 경제학, 2018. 2.; 박대호. 암호화폐 실전투자, 2018. 2. 북오션

암호화폐를 법적화폐로
인정하는 국가들

   독일은 가장 먼저 비트코인을 공식 화폐로 인정한 국가이다. 2013년 8월 독일은 비트코인을 지급결제 수단임과 동시에 하나의 금융상품으로도 취급함으로서 소비세는 물론이고 발생한 차익에 대해서도 과세하고 있다.

   일본은 2017년 4월 '자금 결제법'을 개정해 암호화폐를 지급결제 수단으로 인정하면서 가장 적극적으로 암호화폐를 수용하는 나라가 되었다. 더욱이 중국의 규제조치 이후 세계 암호화폐 시장을 선점하겠다는 야망을 한층 더 강화해 나가고 있다. 그 결과 엔화로 거래되는 비트코인 거래량이 세계 전체의 절반 수준에 이른다. 이에 따라 그동안 화폐가 아닌 하나의 자산으로 간주함에 따라 부과되던 8%의 소비세를 폐지했다.

그리고 ICO에 대해서도 적극적인 자세에 입장을 펼치고 있다. 이에 자국 저가 항공사는 피트코인으로 항공권을 구매를 허용하면서 거래의 안정성과 거래자를 보호하기 위하여 관련 규정 및 거래소 설립을 강화해 나가고 있다, 기본 규칙을 세워 공인회계사를 통한 외부감사 실시, 최저 자본금 의무화 등 그리고 암호화폐가 자금 세탁 수단으로 악용방지, 거래자 본인 확인을 강화, 업무개선 명령 등의 국가는 거래자를 보호하는 장치를 마련을 위해 행정처분 명분도 마련하고 있다.

이외에 스위스는 전 세계에서 가장 먼저 ICO 허브로 자리매김 했다. 호주도 암호화폐에 대한 회계 기준을 마련하는 등 비트코인을 일종의 화폐로 인정하고 관련 규정을 정비하고 있다. 반면 미국은 신중한 입장을 보이고 있다. 이에 우려로서는 글로벌 화폐 성격이 강한 암호화폐가 새로운 기축통화로 부상하는 것에 있다고 풀이된다.

이처럼 지금 세계는 암호화폐 시장과 산업을 둘러싸고 규제와 육성에 신중한 고민을 갖고 있다. 또한 암호화폐에 대한 과세 등 다양한 정책을 제도화하는데 신중을 기하고 있다. 세계는 정보화시대에 이어 4차 산업혁명 시대를 끌고 나갈 새로운 첨단기술로 각광 받고 있는 블록체인의 기술기반에 둔 암호화폐ICO에 대한 논란에 중심이 되고 있다. 여기에 기업가인 애플 공동창업자인 스티브 워즈니악과 마이크로 소프트의 빌게이

츠는 암호화폐인 비트코인의 가치를 높이 평가하고 있다.

🔬 우리나라는 어떤가?

거래 규모에 전 세계에서 3위권에 들어갈 정도로 암호화폐
에 대한 관심도가 높은 나라이다. 그러나 아직 까지는 정부가
인정하는 지급결제 수단, 재화나 자산, 법적 실체가 없기 때문
에 암호화폐 거래소도 설립에 제한도 없다. 암호화폐에 대한
과세도 없다. 다만, 과도한 투기 행위에 대해서는 금융시장을
흐트러지지 않도록 법적 제재를 가하고 있다.

이에 정부는 비트코인 등 암호화폐에 대해 모니터링을 강화
해 나가고 있다.

출처 : 이철환, 암호화폐의 경제학, 2018. 2. 다락방(120~122)

암호화폐 특성

암호화폐의 나라별 견해

암호화폐ICO의 규제

암호화폐의 생산적인 투자와 탐욕적 투기

암호화폐를 법적화폐로 인정하는 국가들

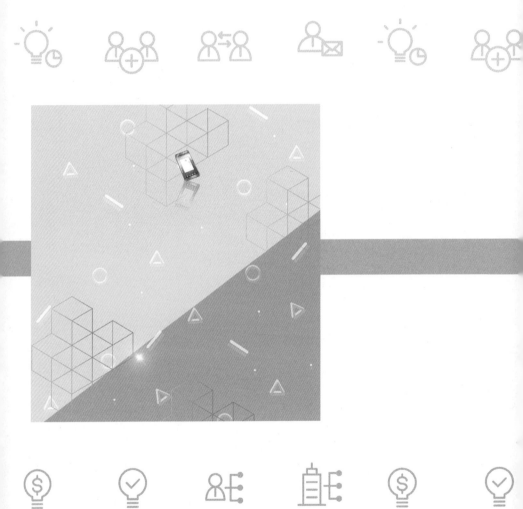

CHAPTER 04

암호화폐 거래소

국내에서는 다수의 암호화폐 거래소가 영업중인 가운데 빗썸Buthumb, 코인원Coinone, 코빗Kobiy, 업비트Upit 등 4개 대표적인 암호화폐 거래소이다. 24시간 돈 버는 방법을 찾지 않으면 노동의 종말에서 평생 구속 될 것이다.

블록체인 암호화폐는 불가분의 관계이나 추구하는 세계는 다르다. 블록체인은 원하든 원하지 않든 변화하고 있다는 사실이다. 환경변화는 찾는 자의 몫이다.

국내에서 유명한 대표적인 암호화폐로는 비트코인BTC, 이더리움ETC, 리플XRP, 비트코인 캐시BCH, 이오스EOS, 스텔라루멘XLM, 라이트코인LTC 등이 있다.

대표적인 암호화폐 거래소Exchange

　우리나라 국내에서는 다수의 암호화폐 거래소가 영업 중인 가운데 빗썸Bithumb, 코인원Coinone, 코빗Korbit, 업비트Upit 등 4개 업체 주축으로 거래되고 있다.

　이와 같이 우리나라는 암호화폐 거래소가 활성화되어 있으며 하루 평균 원화 거래 비중은 전 세계 시장의 약 20% 수준에 이르고 있다. 인접 국가인 일본은 엔화기준 약40%, 미국은 달러화 30%의 규모로 거래가 활발하다고 한다. 또한 우리나라는 IT산업 기반으로 일본, 미국에 이어 세 번째로 거래 비중을 갖고 있으며 상당히 높은 수준에 있다고 볼 수 있다. 특히 암호화폐 투자 열풍이 한창이던 2017. 12월부터는 거래량 규모가

세계 최대를 차지할 정도로 성장하고 있다. 대표적인 거래소
들을 알아보기로 하자.

 빗썸Bithumb

빗썸Bithumb은 국내에서 1~2위에 있으며, 세계에서 2~3위를
다투고 있다 우리나라의 암호화폐 거래소 1세대로 2014년
'엑스코인'이라는 이름으로 암호화폐 거래 서비스를 시작하
였다. 이후 2015년에 '빗썸'으로 명칭을 변경하여 현재에 이
르고 있다.

이 거래소는 정보보호 관계 법령을 준수하고 24시간 내내
상시 모니터일이 가능하며 금융업계와 비교해도 떨어지지 않
는 수분의 보안시스템을 구축하고 있으며, 암호화폐 거래소
최초로 오프라인 고객센터를 운영하고 있다.

 코인원Coinone

국내 최대의 거래소이며, 세계 5위 거래량을 유지하고 있다.

마진거래가 가능하며, 프로젝트실행계획를 제공하는 것을 장점화 하고 있다.

코빗Korbit

SK플래닛이 제휴하고 넥슨이 인수하면서 국내 3위, 세계 14위권 거래소이다. 보안성, 안전성을 장점인 거래소이며 서버가 안정적이기에 중기투자자들에게 유리한 운영체제의 장점을 갖고 있다.

업비트Upit

최근 2017년 10월에 설립된 거래소로서 비트렉스Bittex 거래소와 연결체계로 운영되고 있다. 우리나라 암호화폐 거래소 중 가장 다양한 코인Coin들을 거래량을 갖고 있으며, 일반적 주식투자 경험을 갖고 있는 투자자들에게 친숙한 거래소이다. 최근 암호화폐 시장의 관심도가 높아지면서 일일 거래량이 증폭되고 있는 실정이다.

암호화폐의 종류

최근 우리나라에서 사용되고 있는 15여개 중 대표적인 암호화폐로는 비트코인BTC, 이더리움ETC, 리플XRP, 비트코인 캐시BCH, 이오스EOS, 스텔라루멘XLM, 라이트코인LTC 등에 대해 설명하고자 한다.

비트코인BTC

디지털 정보량 기본단위인 비트Bit와 동전을 의미하는 코인Coin이 합쳐져 탄생한 '비트코인'은 온라인 암호화폐를 뜻합니다. 특정 개인이나 회사가 발행하는 것이 아니라 개인간 거래P2P에 사용되는 방식이기 때문에 비트코인을 만들고, 거래하고, 현금으로 바꾸는 사람 모두가 비트코인 발행주가 되는 형태를 띄고 있습니다.

비트코인은 일반 화폐와 달리 인플레이션 방지차원에서 2120년 2100만 단위가 생성되면 채굴이 중지된다.

🤖 이더리움ETC

이더리움Ethereum은 블록체인 기술을 기반으로 스마트 계약 기능을 구현하기 위한 분산 컴퓨팅 플랫폼이다. 이더리움이 제공하는 이더Ether는 비트코인과 마찬가지로 암호화폐의 일종으로 거래되고 있다. 이더리움의 화폐 단위는 ETH로 표시한다. 가장 대표적인 알트코인이다. Ethereum의 정확한 발음은 미국식으로는 이씨리엄(ɪˈθɪɹiəm)이고, 영국식으로는 이씨어리엄(ɪˈθɪəɹiəm)이다. 이더리움은 초기에 '이시리움' 또는 '에테리움'이라고 표기하기도 하였으나, 요즘에는 '이더리움'으로 표기하는 경우가 많다.

🤖 리플XRP

분산원장DLT을 기반으로 한 실시간 총액 결제 시스템RTGS이다. 금융거래를 위한 인터넷 프로토콜로 전 세계에서 다수 참여자가 진행하는 대량의 결제를 빠르게 처리할 수 있도록 한다. 내부 화폐로 동명의 토큰인 리플XRP을 사용한다. 리플XRP은 이더리움에 이은 대표적인 알트코인이다. 리플코인Ripple Coin이라고도 부른다.

🐻 비트코인 캐시BCH

비트코BCH인 캐시는 사토시가 주장한 대로 무어의 법칙에 비례하여 블록 사이즈를 통한 업스케일링을 실현 중이다. 그에 따른 결과는 0에 가까운 수수료와 딜레이 없이 즉각적인 전송 속도로 이어졌다. 즉, 비트코인 캐시만 있다면, 사실상 현존하는 대부분의 다른 코인들은 필요없어진다.

🐻 이오스EOS

이오스EOS는 이더리움의 느린 처리 속도와 높은 수수료 문제를 해결하기 위한 대안으로 만들어졌고, 그 기반으로 만들어진 분산어플리케이션DAPP을 구동할 수 있는 플랫폼이다. 또한, 범용적인 블록체인 운영체제OS를 만드는 것을 목표로 하고 있다. 이더리움과 마찬가지로 블록체인 기반의 프로그래밍이 가능하다. 이오스의 관리 주체는 댄 라이머가 CTO로 있는 스타트업 블록원Blockone이다.

 스텔라루멘XLM

스텔라 루멘스Stellar Lumens는 은행, 지불 시스템 및 사람들을 연결하여 비용을 들이지 않고 신속하게 자금을 이동시키는 임무 중심의 지불 플랫폼 및 통신규약protocol이다.

 라이트코인LTC

라이트코인은 비트코인과 마찬가지로 블록체인 기술을 사용한다. 특정한 발행 주체나 관리 주체가 없으며 채굴을 통해 코인을 얻을 수 있다. 블록체인은 거래 내용을 기록하는 장부다. 인터넷으로 연결된 암호화폐 사용자들의 P2P 네트워크를 만들고 사용자들의 컴퓨터에 거래 내역을 저장한다. 그중 사용자 과반수의 데이터와 일치하는 거래 내역은 정상 장부로 인정해 블록으로 묶어 보관한다. 만일 특정 사용자의 장부에서 오류가 발견된다면 정상 장부를 복제해 대체하는 방식으로 수정한다.

비트코인처럼 최대 발행량이 정해져 있다. 라이트코인의 최대 발행량은 약 8,400만 개로 비트코인약 2,100만 개의 4배 정도다.

한국블록체인협회는 2018년 7월 11일 오전 11시 서울 중구 은행회관 국제회의실에서 12개 암호화거래소 사업자에 대한 '제1차 자율규제심사 결과 기자간담회장'에서 발표하였다.

협회의 자율규제는 '건강하고 안전한 암호화폐 거래소 생태계'를 구축하고 이용자 보호 방안을 마련하기 위해 준비됐다며 이를 바탕으로 일반 부문과 보안성 부문 등 투 트랙Two-track으로 평가를 진행했다고 설명했다.

심사항목

일반심사28개 항목, 보안성 심사66개 항목 등 총 94개의 심사항목으로 구성 및 평가하고 있다.

보안성 평가를 맡은 한국블록체인협회「김용대 정보보호위원장KAIST 전기전자공학과 교수」은 '각 개별 거래소간 편차가 큰 편이었다'며 '12곳 중 9곳이 당초 예상보다 대응 수준이 미비해 보완 요구와 이에 따른 절차 수행으로 시일이 더 소요됐다'고 밝혔다.

이번 심사는 사실상 점검과 컨설팅 차원에서 이뤄졌다. 때문에 미비점을 찾아 이에 대한 기본적인 수준을 갖추게 하는데 초점을 맞췄다. "김용대 위원장을 비롯해 보안성을 검토하는 정보보호위원회 위원들이 사실상 '컨설팅' 수준으로 보안 취약점 해결에 주력했다"고 설명했다. 이로 인해 심사에 따른 등급이나 점수를 공개하기 보다는 심사 대상인 12개 업체가 최소한의 안전장치를 마련했다는 수준에 머물렀다.

⬚⬚ 일반심사 및 일반심사 항목

구 분	평 가 항 목
일반심사	- 자기자본 20억원 이상 거래소 - 이용자에 대한 투자 정보제공 체계 - 민원관리 시스템 체계 - 이용자 자산 보호 체계 - 자금세탁방지 체계
보안성 심사	- 사용자 인증 - 네트워크 관리 - 서버관리 - 월렛관리 - 접근관리 - 복구 - 운영 - 개인정보보호

자료 : 한국블록체인협회 내용을 토대로 정리

또 보안 점검의 경우 각 회원사가 체크리스트 상에 있는 요소 준수 여부만 단순히 표시하는 포지티브 방식으로 진행해 실제 대응수준에 대한 평가가 부족했다고 평가하며 "이후 심사에서는 심층적인 보안 수준을 점검하는 네거티브 방식을 활용할 계획"이라고 덧붙였다.

협회는 이번에 심사를 받지 않은 나머지 11개 회원사에 대해서도 다음달 중 심사를 진행하기로 했다. 또 다음 달 정관 개정을 통해 기존 회원사나 신규 회원사는 의무적으로 자율규제에 따른 심사를 통과해야만 회원 자격을 유지할 수 있도록 할 계획이다. 하지만 심사 결과를 공개하는 문제에 대해서는 위원회 내에서도 이견이 있어 확답을 주지 못했다.

이와 함께 사고 발생에 대비한 단체보험 가입, 9월 중 보안 콘퍼런스 개최를 준비하고 있다. 최종관 협회 사무총장은 "단체보험의 경우 한화손해보험, 현대해상, DB손해보험 등이 제안서를 제출했으며, 최종 사업자 선정 후 개별 거래소 업체가 보험 설계를 진행한다"고 설명했다. 김 위원장은 "보안 콘퍼런스를 통해 내부자 통제부터 전반적인 체계에 대한 종합적인 정책을 수립할 수 있도록 돕겠다"고 강조했다.

대표적인 암호화폐 : 비트코인BTC

이더리움ETC

리플XRP

라이트코인LTC

대표 거래소Exchange

빗썸Bithumb

코인원Coinone

코빗Korbit

업비트Upit

블록체인 이해와 암호화폐

BLOCK CHAIN

PART 03

BLOCK CHAIN

비트코인Bitcoin의 열풍과 광풍

비트코인bitcoin이라는 것은 블록체인 기술을 기반으로 만들어진 물리적 형태가 없는 암호화폐를 말합니다. 비트코인은 전 세계 누구와도 거래 할 수 있는 단일 화폐로 부상하였다. 암호화폐는 포인트 형, 사이버머니 형이 있으나 비트코인은 대안화폐의 대표주자이다. 비트코인은 역사상 성공한 화폐이다. 비트코인은 미래 금융산업의 신선한 선물이다.

비트코인은 4차 산업을 이끄는 위대한 창조물이다. 블록체인은 인간의 삶의 질을 향상시키고 모든 분야에 참여자들과 운영/관리자들의 성공한 이야기가 되고 있다.

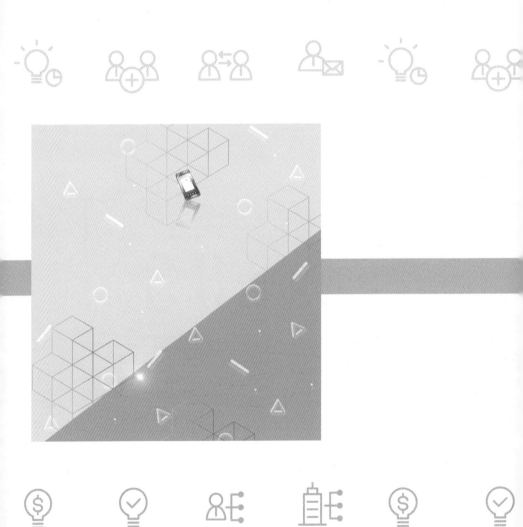

CHAPTER 01

비트코인Bitcoin이란 무엇인가?

비트코인bitcoin이라는 것은 블록체인 기술을 기반으로 만들어진 물리적 형태가 없는 암호화폐를 말합니다.

비트코인은 전 세계 누구와도 거래 할 수 있는 단일 화폐로 부상하였다.

암호화폐는 포인트 형, 사이버머니 형이 있으나 비트코인은 대안화폐의 대표주자이다.

비트코인은 역사상 성공한 화폐이다. 비트코인은 미래 금융산업의 신선한 선물이다.

비트코인은 4차 산업을 이끄는 위대한 창조물이다. 블록체인은 인간의 삶의 질을 향상 시키고 모든 분야에 참여자들과 운영/관리자들의 성공한 이야기가 되고 있다.

비트코인Bitcoin이란?

비트코인bitcoin이란, 2009년 '사토시 나카모토'란 신원불명의 프로그래머가 개발한 일종의 '사이버 머니cyber money'다. 각국의 중앙은행이 화폐 발행을 독점하고 자의적인 통화정책을 펴는 것에 대한 반발로 탄생했다.

비트코인이라는 것은 블록체인 기술을 기반으로 만들어진 물리적인 형태가 없는 암호화폐의 일종이다. 거래시간에 제약이 없으며 중간거래 없이 24시간 내내 거래가 이루러진다. 현금을 디지털 방식으로 보내는 것과 비슷한 형태의 화폐이다.

21세기 화폐의 진화 과정은 상품화폐금에서 국가화폐자국화폐 및 달러이어 암호화폐비트코인으로 변천하고 있다.

비트코인의 화폐 단위는 BTC로 표시하고 있다.

비트코인은 P2PPeer To Peer 방식으로 거래자들 간에 자유롭게 송금 등의 결제가 가능한 기능이다. 검증되고 신뢰하는 거래장부이거나 내용들이며 정보를 블록체인 기술을 바탕으로 여러 사용자들의 서버에 분산하여 저장하기 때문에 해킹이 사실상 불가능하다.

출처 : 한대훈. 한 권으로 끝내는 비트코인 혁명, 2018. 4

비트코인Bitcoin의 정의

비트코인bitcoin은 지폐나 동전과 달리 물리적인 형태가 없는 온라인 암호화폐디지털 통화다. 기존의 법화法貨·legal Tender를 대신할 새로운 화폐를 만들겠다는 발상에서 2009년 비트코인을 처음 개발했다.

비트코인은 암호화폐 일종으로 최초의 단일 화폐이다. 전세계에서 현금화 형태로 거래자들 간에 편리하게 사용하고 있다. 블록체인은 나무와 같고, 나무에 가지는 암호화폐이며 비트코인은 결실이다. 또한 비트코인은 인터넷에 연결된 곳 어디서나 사용할 수 있는 거래의 기술이며 브랜드화된 자산이다. 지금 80여 개국에서 사용되고 있다. 전 세계에 2만여 개의 알트코인이 만들어 지거나 소멸/사용 중에 있다. 실질적으로 상용화 되고 거래되고 있는 것은 2천여 개이다, 한국에는 150여개 알트코인의 교환/거래되고 있다. 블록체인 IT기술을 기반으로 온라인상에서 거래하는 여러 개의 암호화폐 중에 성공한 사랑의 열매이다.

위의 내용은 저자의 독자적인 연구와는 별도로 확인되지 않은 내용이 담겨 있을 수 있습니다.

비트코인은 금융 산업의
새로운 선물

비트코인의 새로운 가치와 혜택

우리나라에 비트코인 거래소가 생겨난 때는 2013년부터 이다. 그리고 대표적인 암호화폐 거래소 중 빗썸이 비트코인 시가총액은 약 1천5백억원의 규모이다.

우리나라에서 일어나는 금융 산업의 흐름을 보면 앞으로 인터넷 은행이 등장(2018. 8)으로 서서히 은행들이 사라질 것으로 판단하고 있다. 다만 완전히 사라지지는 않겠지만 범위와 규모의 거래가 확연하게 떨어질 것으로 본다. 금융거래자들은 돈을 예치하거나 이용할 때 또는 신용카드를 사용할 때도 수수료를 부담한다. 쌍방 간에 돈을 이체하거나 신용카드를 사용하는 데에도 금융사에서는 수수료를 징수한다.

출처 : 이용갑. 비트코인 경제학, 2017. 12

 ## 암호화폐 비트코인의 안전성

우리나라의 금융거래 수수료가 연간 11조5천억원2018년 7월 18일 KBS 9시 방송에 이른다고 한다.

종이화폐 및 금융사 관리운영 현실을 볼 때 은행이 파산이나 화재, 자연재해로부터 재앙과 같은 재난이 발생했을 때, 정부로부터 예치금 한도 내에서 보호를 받을 수 있으나 그 이상에 예치금에 대해서는 보호받을 수 없는 실정이다. 반면, 비트코인은 금융거래 수수료 비용보다 낮은 비용으로 사용되며 재해나 위험으로부터의 안전하고 신뢰를 바탕이 된다. 암호화폐 일종인 비트코인은 P2P간의 화폐가치 수단으로 안전하게 거래되고 있다.

🏂 비트코인의 법적화폐로 출발

우리나라에서도 최초로 신한은행은 2016년 12월부터 비트코인을 그 나라에 법적화폐로 환전하여 해외 송금한 사례가 있다.

암호화폐 일종인 비트코인은 세계 최초 단일 화폐이다.

비트코인은 새로운 금융시장의 제2의 인터넷 화폐이다.

비트코인은 금융산업의 새로운 선물이다.

비트코인은 전세계적으로 1%로 사용되고 있다.

2030년 10%가 실용화됨
가격은 40~ 50% 년증가

CHAPTER 02

비트코인Bitcoin의 기대되는 3가지 요인

검증과 신뢰를 바탕으로 안전하고 편리하게 사용할 수 있도록 보안장치를 마련하면 된다. 서로 연결하여 분산처리 할 수 있는 블록체인 기술의 독특한 매력이다. 비트코인 거래는 암호에 의해 공유되며 거래된다.

비트코인은 알고리즘연산에 의해 코인 공급이 엄격하게 제어된다. 그러나 피아트Piat통화달러, 유로, 엔 등에는 무제한 공급이 가능합니다. 암호화 기술은 안전성을 중시한다. 또한 지불증명 절차가 간소화 되고 이중 지불을 방지한다.

비트코인Bitcoin의 가격 상승

비트코인Bitcoin의 가치가 급등하고 거래량이 늘어남에 따라 투기자들의 피해가 속출하고 있다. 특히 2016년에는 암호화폐 등을 사칭한 유사수신 관련 신고 건수가 급증하였는데 이러한 위험에서 안전하려면 이렇게 해야 할까?

검증과 신뢰를 바탕으로 안전하고 편리하게 사용할 수 있도록 보안장치를 마련하면 된다. 서로 연결하여 분산처리 할 수 있는 블록체인 기술의 독특한 매력이다.

최근에는 비트코인 거래가 다양한 통화를 매개로 이루어지고 있다. 주로 거래되는 통화는 미국 달러, 일본 엔화, 호주달

러, 영구 파운드, 중국 위안, 유로 뉴질랜드 달러, 러시아 부블,
등이며 2016년 7월 기준, 전 세계 비트코인 거래소에서 거래되
는 통화 중 94%가 위안이며, 4.8%가 미국 달러라고 한다. 나머
지 통화들은 1%에 불과하다

일본의 비트코인에 대한 관심도가 국가적인 움직임이 대단
하다. 2017년 4월 1일부터 비트코인이 일본 내에서 합법적인
결제수단으로 공식 인정했다. 비트코인은 앞으로 일종의 '선
불 결제 수단'으로 분류돼 온·오프라인에서 재화나 서비스를
구매하는데 사용될 것이다. 일본은 기존에 비트코인 구입 시
부과되던 거래세 8%도 면제될 예정이다, 이번 법안 발표로 일
본 내 암호화폐 거래가 더욱 활성화될 것이고 일본의 비트코
인 거래량이 급격히 증가해 기존 선두였던 중국을 앞지르게
될지도 지켜볼만한 대목이다.

오랜 시간 동안 비트코인의 가치가 올라가는 것을 지켜보는
재미로 투자에 임해야 할 것이다.

출처 : 이용갑, 비트코인 경제학, 2017, 12,

비트코인Bitcoin 기능 및 특징

첫째, 비트코인은 기존 화폐와 달리 정부나 중앙은행의 개입 없이 개인간P2P 빠르고 안전한 거래가 가능하며, 금처럼 유통량이 한정되어 있다는 것이 특징으로 갖고 있습니다.

둘째, 비트코인 거래는 암호에 의해 공유되며 거래된다. 어느 누구와도 거래자들 간의 공유하고, 승인으로 거래가 이루어지는 방식이다. 거래자의 지갑을 보호하는데 필요한 암호번호가 노출되지 않는 한 거래로 소유한 비트코인에 대해 안전한 보호를 받습니다.

셋째, 비트코인은 단 10분이면 우리나라에서 지리상으로 제일 먼 곳인 브라질까지도 거래가 가능합니다. 은행처럼 처리과정 시간이 길거나, 송금 수수료를 많이 부과하거나, 송금이 중단되는 일이 없습니다.

넷째, 비트코인은 신용카드와 현찰과 같이 당신의 신원을 밝히지 않고도 지불 결제가 가능합니다. 하지만 그러기 위해서는 비트코인 사용 시 자신의 암호를 잘 알아두어야 합니다.

비트코인Bitcoin 생성채굴 방법

비트코인 채굴 생성방식은 주로 2가지 방식으로 채굴Mining 한다.

하나는 기존 풀Pool에 가입하여 구매하는 것이고, 다른 하나는 혼자서 채굴하는 것이다. 채굴 가입 프로그램은 거의 오픈소스이며 무료로 이용한다. 혼자 채굴하는 경우에는 경쟁이 심하기 때문에 채굴하지 못할 채 시간이 흐를 수도 있지만 채굴한 비트코인을 모두 자기가 가질 수 있다는 장점을 가지고 있다. 이 방식은 개인 지갑에 연결해 채굴한 비트코인이 자동으로 예치되도록 되어 있다.

대부분의 암호화폐를 구입하고자 하는 거래자들은 거래소를 통해 Bitcoin을 구매 하는 방식을 선택하고 있습니다. 때로는 공짜로 암호화폐인 비트코인을 얻을 수 있는 방법도 있다고 본다.

출처 : 한대훈, 비트코인 혁명, 2018. 4.

비트코인의 생성단계

비트코인Bitcoin은 일본인 '나카모토 사토시Satoshi Nakamoto'라는 이름으로 일하는 익명의 스프트웨어 개발자의 수학적 증거에 기반 한 전자결제 시스템으로 비트코인을 제안하면서 최초의 암호화폐로 알려져 있다. 최대 발행수량은 2,100만개이며 2018년 4월 12일 기준으로 1,696만개를 발행하고 있습니다. 비트코인 최대 발행수량의 80%로가 발행되고 있다. 2032년이 오면 비트코인은 99%로가 발행된다고 전망하고 있다. 비트코인은 평균/최종 거래시간의 10분/60분으로 기존 법적화폐와는 다르게 금융기관 없이 개인간P2P: Peer to Peer에 거래가 이루어지는 형태로서 빠르고 안전하고 편리하다.

비트코인Bitcoin의 최소 단위는 개발자의 성을 따서 사토시Satoshi라고 명하고 있다. 비트코인0.00000001의 1억분이 1로 표현할 수 있으며 화폐기준 가격으로는 약1/100센트입니다. 전통적인 전자화폐가 할 수 없는 소액 거래를 가능하게 된 단위이다. 또한 이러한 단위로 인해 1사토시가 1원으로 통일되기 위해서 비트코인이 원화 1억원까지 올릴 것이라는 주장도 예측할 수 있다.

Bitcoins은 Mining 이라는 프로세스를 통해 만들어 진다. 광업은 거래 처리에 기여하는 사람들이 사용하는 용어이다. 광부는 새로운 비트 코인을 '채굴'하는 특수 하드웨어를 사용하여 네트워크를 처리하고 보안을 유지한다. 그들의 기여금에 대한 '보상'으로 새로운 비트 코인을 수여 받는 과정에 있다. 이것이 새로운 비트코인이 생성되는 과정이다.

새로운 동전은 예측 가능하고 고정 된 비율로 생성된다. 매년 생성되는 동전의 수는 2천1백만 비트코인의 유통될 때까지 절반으로 줄어듭니다. 이 시점에서, 비트코인 광부는 거래 수수료로 보상받을 것입니다.

광부가 새 해시를 성공적으로 만들면 블록이 봉쇄되어 블록체인에 추가됩니다. 25개의 비트 코인이 새로운 해시를 발견한 광부에게 제공된다.

기존의 화폐와 다른 점

비트코인은 거래자의 개인간에 화폐돈를 주고받고 지불하는 행위를 할 수 있는 일반 화폐와 같이 미래의 화폐로 활용화폐로 되고 있다. 전통적인 달러, 유로 또는 엔과 같으며, 이들은 4차 산업시대의 들어서서 서서히 디지털 방식으로 거래되고 있습니다. 비트코인 활용으로 기존 화폐화의 다른 점에 대한 5가지로 특징에 대해 정리하였다.

익명성Anonymity

전통적인 전자 결제를 보내는 사람이 확인을 위해돈세탁 방지 및 기타 법률을 준수하기 위해 거래자의 신원과 거래 금액이 은행창구를 통해 금융 감독원 등 통제관기기관에 자동 접속으로 공개가 된다. 블록체인의 비트코인 사용 거래자는 익명성이 노출되지 않고 일반적으로 거래자의 노출이 안 되는 익명성의 보장이 되는 장점을 가지고 있다. 왜냐하면 중앙 '유효성 검사기'가 없으므로 사용자는 비트코인을 다른 사용자에게 거래할 때 자신의 개인정보를 식별 할 필요가 없기 때문이다. 실제로 개인간P2P: Peer to Peer의 지갑 주소로 식별하기 때문이다. 이러한 사항은 일반적으로 트랜잭션Transaction : 프로그램을 실행하기 위한 데이터베이스에 갱신기록 조작의 한 묶음 트랜잭션이라는 용어는 데이터베이스 시스템에서뿐만 아니라 분산시스템 온라인실시간 시스템에서도 하나의 처리 단위를 나타내는 용어로서 널리 사용되고 있다.

 분산화Distribute

비트코인은 기능과 특징을 언급한 바 있지만 가장 중요한 특징은 거래 내역들이 10분마다 분산처리 되는 것을 분산화라 한다. 어떤 기관도 비트코인 네트워크를 제어하지 못한다. 전 세계에 퍼져 있는 전용 블록체인슈퍼컴퓨터의 개방형 네트워크에 의해 운영 되는 것이 특징이다. 이것은 은행이나 정부기관이 돈을 가지고 통제하는 것과 확연하게 다르며 이러한 불편으로 모든 사람들이 초기에 관심을 가지게 된 계기가 되었으며 오늘날 블록체인의 가장 기본이 되는 플랫폼으로 활용되고 있다.

저렴한 수수료Service charge

화폐는 가치의 척도, 교환의 매개, 그리고 가치의 저장이자 지불 수단이라는 개념을 갖는다. 현재까지는 국가와 같은 법적, 제도적 장치를 통해 신용도를 갖게 되었다. 블록체인 암호화폐로 거래를 하게 되고 기존 중개자에 대한 수수료는 사라질 수 있게 된다.

암호화폐인 비트코인은 금융거래 수수료 비용보다 낮은 비용으로 사용되며 재해나 위험으로부터의 안전하고 신뢰를 바탕이 되고 있다.

그리고 불필요하거나 중복적인 중개자 역할을 제거함으로써 운영비용이 절감될 수도 있다.

반면, 은행의 파산이나 화재, 자연재해로부터 재앙과 같은 재난이 발생했을 때에는 금융 및 정부로부터 최소한의 범위

내에서 보호를 받을 수 있으나 그 이상에 예치금에 대해서는 보호 받을 수 없다.

 안전성Safeness

비트코인으로 알려지기 시작한 블록체인은 컴퓨터 암호화 하여 만들어지고 투명한 거래 증명 시스템이다. 암호화 기술 은 안전성을 중시한다.

다만 암호화 기술을 통해 그것의 안전성을 강조한 것이다.

블록체인을 암호화폐 거래의 기록장부로 사용하는 것이 비 트코인이라 밝혔다. 즉 블록체인은 모든 참여자가 열람 가능 한 공개장부다. 그렇다면 이 장부에는 화폐거래뿐 아니라 '어 떠한 정보'도 기록할 수 있다.

또한 지불증명 절차가 간소화 되고 분산원장을 통해 이중 지불을 방지한다. 인터넷 네트워크를 기반으로 통용되는 이중 혹은 삼중의 장부라 이해하면 틀림이 없다.

보안Security 및 제어성Controllability

　분산원장 기술로서의 블록체인은 사물인터넷의 보안 및 제어시스템의 강화된 것이 특이점이다. 비트코인은 알고리즘에 의해 코인 공급이 엄격하게 보안되며 제어된다. 그러나 피아트Piat통화달러, 유로, 엔 등는 무제한 공급이 가능하다. 중앙은행의 필요에 따라 자율적으로 원하는 만큼 발행 할 수 있으며, 또한 다른 국가에 의해 통화 가치를 조작 할 수도 있다. 이러한 과정에서 비용에 대해서는 현금보유자은행거래자가 부담한다.

기존 화폐화의 다른 점에 대한 5가지로 특징

익명성	분산화	저렴한 수수료	안전성	보안 및 제어성
개인정보를 제공없이 비트코인 거래 가능 최고 고액 거래시에 인증절차 필요성 보이는 것이 장점이다.	거래내역들이 10분 마다 분산처리 되는 것을 분산화라 한다.	해외 송금 수수료는 없다. 환전시 수수료만 있다.	지불증명 절차가 간소화 되고 이중지불이 방지된다.	분산장부를 통해 모든 거래자들과의 거래내역을 실시간으로 확인되며 비트코인은 알고리즘에 의해 공급이 엄격하게 제어된다.

출처 : 일본암호화폐 연구회, "60분 만에 아는 블록체인", 2018. 3. ; 김재윤, 제4차 산업혁명시대 블록체인에 투자하라, 2018. 5.

비트코인은 근거리 통신의 보안성을 개선하기 위해 블록체인 기반의 '메시 네트워크'를 활용한다거나, 블록체인의 분산 방식으로 디바이스를 관리하는 것을 활용하여 저가 디바이스 확산에도 핵심적인 역할이 가능하다.

반면 비트코인을 사용하면 기본 알고리즘에 의해 코인 공급이 엄격하게 제어되며 소수의 새로운 비트코인은 매 시간마다 채굴로 인해 조금씩 흘러나오게 된다.

검증과 신뢰를 바탕으로 안전하고 편리하게
사용할 수 있도록 보안장치가 중요하다.

블록체인 기술의 독특한 매력

4차산업 시대의 디지털 방식으로 거래될 것이다.

기존 화폐와 다른점

CHAPTER 03

비트코인 Bitcoin의 장·단점

비트코인을 거래할 때 검증되고 신뢰를 바탕으로 익명으로 이루어지며 그 거래내역이 분산블록하여 블록체인에 기록된다.

빠른 전송속도와 적은 수수료, 분권화로 사용의 편리성을 갖는다.

장점은 익명성Anonymity의 보장과 신뢰와 분권화Decentralization, 시간절약, 통제된 보안이며, 단점으로 대중의 수용한계, 비트코인 걸음마, 단기투자에 대한 유혹이 많다.

비트코인Bitcoin의 장점

 익명성Anonymity의 보장

기존은행 계좌를 만들 때 주민등록번호부터 필요한 모든 개인정보를 기입해야 한다. 그렇기 때문에 상대방과 돈을 주고받을 때마다 철저하게 기록이 남겨집니다. 하지만 비트코인을 다른 사람에게 거래하기 위해 지갑계좌을 만들 때 일체의 개인정보가 필요하지 않는 장점이 있다.

비트코인의 익명성이 보장된 암호화폐의 특성이자 장점이지만, 최근에 컴퓨터 해커전문 랜섬 웨어 등 해커들이 비트코인 거래소를 침투하여 그 댓가로 비트코인을 요구하면서 이러한 비트코인의 익명성이 범죄에 악용될 수 있다는 추측이 돌고 있는 실정이다.

비트코인을 거래할 때 익명으로 이루어지며 그 거래내역이 블록체인에 기록되는데, 탈脫중앙화 자율 통제와 P2P분산 네트워크 시스템으로 P2P간의 자동적으로 거래가 이루어진다.

많은 거래자들은 비트코인이 익명의 통화라고 믿고 있다. 이는 부분적으로 맞는 말이긴 하지만, 어떻게 보면 또 아니기도 하다. 실제로는 익명이 아닌 익명성을 지닌다. 모든 비트코인 거래는 거래자에 대한 정보가 포함되어 있지 않지만, 거래 기록 자체는 공개되어있고 블록체인에 각인되어 있다.

비트코인은 사용자의 데이터를 공개하지 않는 구조를 가지고 있지만, 주의를 하지 않고 쓰면 개인정보가 공개되기가 쉬어진다.

비트코인은 금전적인 이득을 목표로 하지 않기 때문에 우리의 개인 정보 없이도 잘 작동할 수 있다.

요즘에도 인터넷 뱅킹을 이용하면 정말 빠르게 돈을 받거나 보낼 수 있지만, 밤마다 이용시간이 제한되고 해외에 돈을 송금하려면 여러 가지 고려할게 많아 골치 아프다. 하지만 비트코인은 전 세계 어느 곳이나 송금을 빠른 시간에 거래를 할 수 있는 장점을 가지고 있다.

또한 비트코인을 송금할 때 발생하는 수수료는 없지만 환급 수수료는 있다. 빗썸, 코인원, 코빗과 같은 비트코인 거래소에서 비트코인을 구매하기나 팔 때 발생하는 수수료는 주식 거래시 발생하는 수수료에 비해 적고 프로모션을 이용하면 수수료 없이 이용할 수도 있다.

몇 년 후에 비트코인을 사용하는 곳이 많아 질것이며, 빠른 전송 속도와 저렴한 거래 수수료, 개설하기 쉬운 계좌로 그 장점을 부각시킬 수도 있다. 새로운 디지털 경제 시대에 발맞추어 전 세계 금융 기관들이 국제 송금과 가치 저장 수단으로 비트코인을 사용하기 시작하였으며, 비트코인의 가치는 계속해서 상승할 것이다.

 신뢰와 분권화

비트코인은 하나의 중심기관으로부터 통제되지 않는다. 비

트코인을 채굴하는 모든 컴퓨터와 비트코인을 전송하는 모든
과정이 비트코인 네트워크의 일부가 됨으로써 비트코인 전체
를 이루게 된다.

🧥 지불의 자유

세계 언제 어디서나 즉시 어떤 금액이라도 보내고 받는 것
이 가능하다. 휴일도 없고, 국경도 없다. 그리고 제한 한도도
없다. 비트코인은 사용자들이 그들의 돈에 대한 모든 통제권
이 자율적이다.

🧥 낮은 수수료

비트코인 결제는 현재 무료이며, 모든 물품 거래 시 낮은 수
수료가 붙는다. 사용자들은 더 빠른 승인을 가져다주는 처리
우선권을 얻기 위해 거래에 수수료를 포함시킬 수 있다.지하경제
25% 내외를 차지함

시간절약

　기존 금융 시스템에서는 국제 송금3-7일이 걸리지만, 블록체인에서는 자금을 10분 내에 빠르게 전송된다. 과거 은행들은 블록체인의 장점을 두려워했고 받아들이지 않았다. 하지만 이제 은행들도 이 기술을 받아들여 새로운 경제에서 경쟁하려고 할 것이다. 비트코인이 금액에 상관없이 신속하고 안전한 금융 거래를 수행할 수 있음을 입증했기 때문이다.

　새로운 디지털 경제 시대에 발맞추어 전 세계 금융 기관들이 국제 송금과 가치 저장 수단으로 비트코인을 사용하기 시작으로 비트코인 가치는 계속해서 상승할 전망에 있다

보안과 제어

　비트코인 사용자들은 자신들의 거래에 대한 완전한 보안성을 갖고 제어하는 권한을 갖는다. 다른 결제시스템처럼 상인들이 과다한 요금을 물리거나, 고객이 원치 않은 요금을 부과하지 않는다. 비트코인 거래는 또한 개인정보를 공개하지 않

아도 된다. 이는 신분도용에 대한 강한 보안이 되며 비트코인 사용자들은 또한 자신들의 재화와 자산을 보호할 수도 있다.

투명성 및 중립성

비트코인 통화 공급에 관련된 모든 정보는 블록체인에서 누구나 손쉽게 실시간으로 확인하고 사용할 수 있다. 어떤 개인이나 단체도 비트코인 프로토콜을 통제하거나 조작할 수 없다. 암호 작성으로 안전하기 때문이다. 이로 인해, 비트코인의 코어는 완전히 중립적이고, 투명하며, 예측될 수 있음을 신뢰할 수 있다. 비트코인은 완전히 오픈소스이며 분권화되어 있다. 이는 누구나 언제 어디서나 전체 소스코드를 볼 수 있다는 뜻이다. 세계 어느 개발자든지 비트코인이 어떻게 작동하는지를 확인할 수 있습니다. 현재까지 발생된 모든 비트코인과 거래들을 누구나 투명하게 실시간으로 조사할 수도 있다. 모든 지불이 제삼자의 존재여부와 상관없이 이루어질 수 있으며, 시스템 전체가 힘껏 상호 심시된 온라인 뱅킹에서 사용하는 것과 비슷한 암호 작성 알고리즘에 의해 보호되며, 어떤 개인이나 단체가 비트코인을 독점 통제할 수 없으며, 구성원들 전부가 신뢰할 수 없더라도 네트워크는 안전하게 유지된다.

비트코인의 단점

 대중의 인지도

현재 화폐는 산업 거래나 생활수단에 없어서는 안 되는 한 도구로서의 큰 역할을 하고 있다. 그러나 블록체인을 통한 암호화폐의 비트코인은 특정인들만이 거래로 사용 되고 있으나, 데이터 자료 등이 일반화와 검증이 되지 않는 현실이며 암호화폐로서의 아직은 대중성 화폐 또는 거래의 수단으로 미치지

못하는 실정이다. 이에 블록체인 기술에 대한 논의와 실용성
에 대한 의문의 목소리가 있다.

변동성

현재 유통되고 있는 비트코인의 시가총액과 비트코인을 사
용하는 사업의 수가 아직 가능한 정도에 비해 많이 작다. 그렇
기 때문에 비교적 작은 이벤트나 거래 또는 사업 활동 등이 비
트코인 가격에 큰 영향을 끼친다. 이론적으로는 비트코인 기
술과 시장이 성숙함에 따라 가격의 변동성이 안정화 되어야
한다. 그렇지만 세계시장에 사용되는 비트코인은 아직 상용화
하는데 미숙한 단계에 있다.

비트코인 걸음마

비트코인 소프트웨어는 아직 베타 버전이며 많은 미완성의
기능들이 활발한 개발 중에 있다. 그러므로 더 안전하고 대중

들이 쉽게 접근할 수 있는 비트코인을 만들기 위해 새로운 툴, 기능, 서비스의 개발을 요하고 있다. 대부분의 비트코인 사업은 최근에 생겼으며 아직 정부나 발행자의 책임에 의무를 갖고 있지 않고 있다. 전반적으로 비트코인은 활용 범위와 보장 제도에 대해서는 개발 및 실용 점검 단계에 있다고 보면 될 것이다.

비트코인과 세금

비트코인은 통화 화폐가 아니면서 어떤 국가의 법정통 화도 아니다. 그러나 납세의 의무는 자본의 종류에 연연하지 않습니다. 비트코인으로 인한 소득, 매출, 지불급여, 자본이익 등의 여러 가지에 대해서 조세 의무를 향후 국가로부터 비트코인에 대해 보호 장치가 마련되고 화폐로서의 인정이 되면서 세수의 의무를 지어야 한다. 이를 이루기 위해서는 관련법을 제정하고 법제화 하는데 우선 시행이 이루어져야 할 것이다.

🐷 유혹

모든 거래자는 비트코인이나 다른 블록체인의 기술을 가지고 재화나 자산 증식에 유혹을 기대해서는 아니 된다. 순수한 거래자들의 유포된 선전이나 홍보 혹은 입소문을 통하여 거역할 수 없는 인정이나 유혹에 빠져들어 블랙홀에 함몰되는 경우와 같다.

일상적인 투자는 비트코인에 관련된 것에 대해서 시간과 자본을 투자하는 것은 창업정신이 필요하다. 채굴, 투기, 또는 창업과 같이 비트코인을 이용해 돈을 벌 수 있는 여러 가지 방법들이 있다. 이 모든 방법들은 경쟁이 심하며, 이익을 보장하지 못한다. 이러한 프로젝트에 관련된 비용과 위기를 제대로 평가하는 것은 각 개인의 결단할 일이다.

대표되는 장점으로는 분산·분권화에 의한 신뢰

단점으로는 대중의 인지도가 낮고,
가격의 변동성 심하다.

열심의 공부하면 비트코인에 투자할 수 있다.
모르면 투기다.

투기는 대중을 선동한다.
고수익은 기대와 위험이 수반된다.

CHAPTER 04

비트코인의 저해요소와 기대요소

비트코인은 외부에서 위·변조 위협이 되는 해킹과 국가로부터 규제 등은 가격상승의 저해요인으로 인식되고 있다.

블록은 거래 정보가 들어 있는 장부의 조각이며 퍼즐이다. 블록체인 기술은 객관적 삶의 질의 환경변화와 구성원간 새로운 거래 구축 기반을 의미 한다. 비트코인은 전 세계에서 가장 주목받고 있는 자산으로 주목 받고 있다.

※ 디지털 : 새롭게 디자인 된 정보(지식)이 묶음을 숫자로 저장

저해요소

비트코인을 보관관리 하는 컴퓨터는 항상 해킹에 노출될 수 있다. 그러므로 비트코인 사용 및 보유자들은 가장 중요한 요소가 보안이라 할 수 있다.

비밀번호 보안은 점점 더 심각한 문제가 되고 있다. 온라인 은행 업무를 비롯해서 여러 계정에 같은 비밀번호를 쓰던 단순한 시절은 이제 지났다.

공용 네트워크예를 들면 스타벅스 와이파이에서 온라인 뱅킹에 접속할 때, 해커가 비밀번호를 탈취하여 여러분의 계정에 접속할 수 있다. 컴퓨터나 휴대폰에 보관되는 디지털 지갑에도 비슷한 문제가 발생할 수 있다.

안전 자산으로 자리 잡고 있는 비트코인을 가장 위협하는 요소가 해킹이라 할 수 있다.

비트코인은 외부에서 위협이 되는 해킹과 국가로부터 규제 등은 가격상승의 저해요인으로 인식되고 있다.

기대요소

안전 자산으로 자리 잡고 있는 비트코인을 가장 위협하는 요소는 해킹으로 앞에서 말하고 있다. 반면에 기대요소가 어떤 형태들이 요소가 있는지 알아보자.

첫째, 암호화폐는 아직 추가 상승 여력이 충분하다. 2017년부터 전 세계 대부분의 자산이 상승하고 있다. 그 중에서 가장 가파른 상승세를 보이고 있는 것이 바로 비트코인이나 이더리움 같은 암호화폐다. 늘어나는 수요와 몇몇 국가를 중심으로 확산되고 있는 자산으로 인정하려는 움직임이 가시화되면서 버블 여부와 상관없이 성장성이 높다는 점에 대부분의 투자자들의 동참하고 있다. 하지만 이런 가파른 성장세에도 불구하고 비트코인의 시가총액은 아직 1,300억 달러 수준에 머물고 있다. 전 세계에서 가장 주목받고 있는 자산의 시가총액이 1,300억 달러 수준에 불과하다는 것은 추가 상승 가능성이 있음을 시사한다.

둘째 블록체인 기술이 끊임없이 발전하고 있다. 블록체인은 비트코인의 기반이 되는 기술이다. 블록은 거래 정보가 들어 있는 장부의 조각이며 퍼즐이라고 이해하면 쉽다. 하나의 블록은 10분 단위의 거래 내역 정보를 담는데, 다시 말해 10분에 하나씩 블록이 생성되는데, 이렇게 생성된 블록들이 연결된 것을 블록체인이라고 한다. 위변조가 불가능한 블록체인은 디지털 정보로만 존재하는 암호화폐를 믿고 거래할 수 있게 하는 플랫폼을 제공한다.

출처: 한대훈, 한 권으로 끝내는 비트코인혁명, 2018. 4.

디지털토신망은 새롭게 디자인 된
정보지식이 묶음을 숫자로 저장

비트코인은 외부로부터 위·변조
위협이 되는 해킹과 국가로부터 규제

블록은 거래 정보가 들어 있는
장부의 조각이며 퍼즐이다.

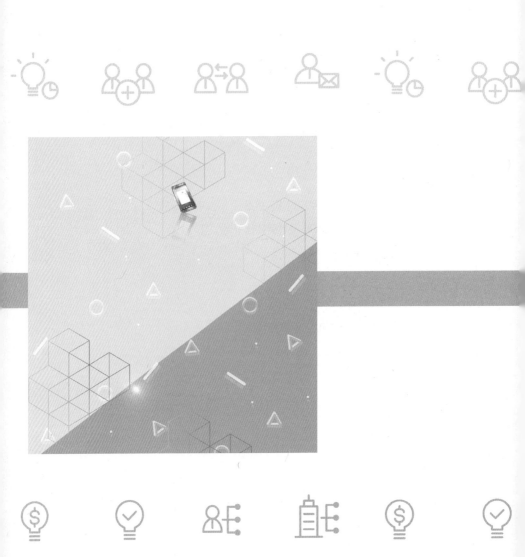

CHAPTER 05

화폐의 진화과정

2140년까지 2,100만 비트코인으로 발행량이 제한되어 있어서 기존 화폐의 가장 큰 약점인 인플레이션이 일어날 가능성이 없다. 라이트코인 발행량은 8,000만개이다. 다른 코인에 비해 많이 발행하였다.

2,100만 블록^{주주}은 자산_{총발행주식}이며, 유효기간을 2140년까지로 한정하는 것은 희소성의 가치를 증폭 시킨다. 회사의 정관과 유사하게 보면 쉽게 이해된다.

화폐의 변천과정

　1세대 상품화폐금, 2세대 국가화폐달러 또는 국가 법적 종이화폐, 3세대 암호화폐비트코인 최근 가장 뜨겁게 이슈가 되고 있는 것을 꼽는다면 비트코인Bitcoin이라는 새로운 형태의 암호화폐를 빼놓을 수 없을 듯하다. 영국 타임스는 '추상적인 관점에서 비트코인은 가장 완벽한 돈'이라고 평가했고, 독일정부를 비롯하여 국가적으로 비트코인을 화폐나 금융상품으로 공식인정하는 국가들도 속속 등장하고 있다. 물론 이후 중국 정부에서 이를 인정하지 않겠다는 발표를 하면서 가치가 급락하기도 했지만, 다시 안정세를 찾고 있는 추세이다.

그렇다면 비트코인이 뭘까?

흔히 디지털 암호화폐라고 하는데, 기존의 암호화폐와는 달리 발행하는 곳이 따로 존재하지 않는다. 비트코인을 얻는 방법은 고성능 컴퓨터를 돌려 복잡한 수학 연산 문제를 풀거나, 거래를 통해서 확보해야 한다. 2140년까지 2,100만 비트코인으로 발행량이 제한되어 있어서 기존 화폐의 가장 큰 약점인 인플레이션이 일어날 가능성이 없다. 강력한 암호화 기반 기술을 중심으로 설계가 되어 기술적으로는 매우 안전한 기술이다. 이에 대해 더 자세히 설명하려면 컴퓨터 기술에 대한 설명이다. 암호화기술에 바탕을 둔 중앙통제가 불가능한 전 세계에서 활용 가능한 디지털 화폐 정도로 알아두자.

우리나라 화폐의 변천과정, 시대적 대표화폐

삼국시대	고려시대	조선시대	현 대	미래화폐
삼국시대 (물품화폐)	건원중보	상평통보	지 폐	디지털통신 암호화폐

저자의 재정리

비트코인의 미래

　기존의 암호화폐들처럼 일부 사람들에게나 쓰이는 그런 수준의 디지털 화폐로 머무를 것인가? 아니면 인터넷처럼 처음에는 일부의 사람들에게만 쓰이다가 전 세계의 사람들의 공용 인프라가 될 정도의 혁명적 변화를 일으킬 것인가? 이를 어느 정도라도 예측하기 위해서는 화폐의 역사와 본질에 대해서 먼저 이해할 필요가 있다.

법정화폐 달러의 대안화폐

　경제도약 국가들 관점에서는 미국의 패권이 용납되지 않겠지만, 미국은 디지털달러를 장악한 덕분에 새로운 세계 질서의 시대에도 패권을 잡을 수 있을 것이다. 최근 중국을 포함한 아시아의 신흥국가들은 미국에 대한 의존을 피하고자 디지털 달러의 대안이 될 디지털 경제 시스템을 구축하고자 노력하고 있다.

화폐의 역사와 본질

인간이 수렵채집 생활을 할 때에는 화폐라는 것이 없었다. 각각의 부족들은 자신들이 필요한 거의 대부분의 것들을 채집하고 사냥을 했으며, 만들어서 생활을 하였다. 그렇기에 무엇을 사거나 파는 행위자체가 별로 필요 없는 시대였다. 대부분의 경우 어떤 대가를 바란 것이 아니라 서로가 서로를 돕는 상부상조의 정신으로 유지되었다. 물론 이렇게 부족들의 상부상조나 물물 또는 서비스 교환을 통해 얻을 수 없는 희귀한 물품은 낯선 사람들 또는 부족들과의 만남을 통해서 얻을 수 있었는데, 이 때에도 결국 상호간의 합의를 통한 교환이 쉽게 이루어졌다. 이렇게 인류는 수만 년을 별다른 불편 없이 살아왔다.

그러나 농업혁명이 시작되고 약 5천년전부터 조금씩 커다란 도시와 왕국이 발달하고 도로 등의 교통인프라와 수레와

마차, 커다란 배 등이 발명되면서 서서히 상황이 바뀌기 시작하였다. 도시가 발달하면서 처음으로 신발만 만들거나, 목수로 일을 하거나 옷을 만드는 등의 전문가들이 등장하기 시작했다. 이런 전문화는 예기치 못한 문제를 불러왔는데, 도시에서는 작은 부족일 때와는 달리 신뢰라는 것을 바탕으로 아무런 조건 없이 서로를 돕는 행위가 나타나기가 쉽지 않다.

그러다보니 자연스럽게 공정한 교환을 할 수 있는 규칙이 필요하게 되었다. 물물교환이나 서비스 교환의 방식으로는 각 개인이 처한 상황과 거래가 되는 물품의 종류 등이 워낙 다양했기 때문에 매우 복잡한 협상과정을 거쳐야 했고, 교환을 공정하게 중재하는 사람들은 너무나 복잡한 교환가치와 비율에 대해서 알아야 했다. 이런 불편이 화폐라는 것의 탄생을 촉진시켰다.

화폐의 역사에서 금속화폐가 대세를 오랫동안 차지한 것은 금, 은, 동, 철과 같은 금속이 위에서 언급한 내구성, 이동성, 희귀성 등이 다른 것들보다 우월했기 때문이다. 그러나 금속화폐의 경우에도 일일이 무게를 달아 교환한다는 것은 번거로웠고, 금과 은의 경우에는 순도가 달라지는 것을 제대로 알 수 있는 방법이 없었다. 이런 문제를 해결하기 위해서 등장한 것이 바로 주조화폐로 주형을 만들고 금속을 녹여서 부어 만들었는데, 국가에서 품질과 발행량을 조절하게 되면서 전 세계에서 금화와 은화가 쓰이기 시작했다.

우리나라에서도 화폐가 생기기 전에는 곡식이나 가축, 장신구 따위를 서로 맞바꾸는 물물교환이 이루어졌어요.

그래서 우리나라에서도 주화를 만들기 시작으로 최초의 주화는 고려 때 만든 '건원중보'이다.

그 후에도 고려에서는 여러 가지 주화를 만들었지만, 백성들 사이에서는 여전히 쌀이나 옷감 등의 물건으로 값을 교환 거래가 이루어지는 생활에 있었다.

조선 시대에 이르러서야 화폐를 널리 사용하기 시작했어요. 1651년 나라에서는 화폐의 사용을 널리 퍼뜨리기 위해 돈의 값을 '쌀 한 되에 동전 네 개'로 정하고, 주화가 만들어지면서 조선시대부터 백성들의 세금부과 제도가 생겼다.

이후 1678년에는 조선 시대의 대표적인 화폐인 '상평통보'를 만들어지면서 200여 년 동안 법적화폐로 널리 사용되었다.

은행의 태동

　18세기 초 민간은행 설립이 붐을 이뤄 민간은행이 발행한 예금증서로 환전지폐가 난립하자 이로 인한 혼란을 막기 위해 1833년 영국에서는 영국 은행의 은행권에 법적인 지위를 부여했다. 1844년에는 발권 능력을 영국 은행에만 허용하면서 영국은행이 정부의 은행, 은행의 은행, 발권은행이라는 3가지 기능을 수행하는 현대적인 모습의 중앙은행으로 탄생하였는데, 이런 방식이 전 세계로 퍼져나가면서 오늘날 대부분의 나라들의 중앙은행 제도의 근간이 되었다.

　20세기에 들어와서 두 차례에 걸친 세계대전과 자본주의 시장경제의 부침으로 더 이상 금본주의 중심으로 하는 금본위제를 지탱할 수 없었던 미국이 중심이 되어 금본위제를 폐지하고 각 국가별 관리 통화 체제로 바뀌면서 각 국가가 통화량 조절을 통해 통화 신용정책을 수행하는 것이 중앙은행의 핵심기능이 된 것이 현재의 상황이다.

우리가 믿는 동전이나 지폐라는 화폐가 전 세계의 경제규모를 얼마로 추정해야 하는지는 모르지만, 실제 전 세계에 금으로 500조가 유통된다. 그 외 보관된 동전과 지폐를 모두 모아도 불과 50조 달러 정도에 불과할 것으로 보면, 시중 거래되는 금융가치가 450조 달러의 규모에 돈이 은행의 계좌에 나타나고 있다. 컴퓨터 스크린과 컴퓨터 서버에 가상적인 형태로 존재하고 있는 양이 90%인 셈이다.

우리나라 중앙은행의 시작은 1896년 관료자본가였던 김종한, 이완용 등이 설립으로 1897년부터 영업을 시작한 것이 우리나라의 중앙은행이다. 은행권 발권이나 국고업무 등을 담당한 사실상 중앙은행의 역할을 하였다. 공식적으로 우리나라 최초의 중앙발권은행은 일제에 나라를 빼앗기기 직전인 1909년 일본이 대한제국을 금융 면에서 지배하기 위해 설립한 한국은행이다. 일제는 대한제국을 강점한 이듬해 1911년 조선은행법을 공표하면서 '한국'이란 이름이 대한제국을 연상시킨다고 하여 조선은행으로 개편했다. 광복 후 다시 '한국은행'이란 이름을 회복하였다.

비트코인의 미래

결국 사람들의 믿음의 수준에 달렸다 현재도 돈 이동이 이루어지는 것은 대부분 은행들의 비트의 이동에 의한 거래일 뿐, 물리적인 지폐나 동전의 교환이 있는 것은 아니다. 이들이 가지고 있는 컴퓨터들이 그런 거래를 승인하고, 모두가 그것을 믿는 것뿐이다. 컴퓨터를 이용해서 미국의 화폐발행 수치를 높이고, 이것을 사용할 수 있게 승인한 것에 불과하다. 실제 달러는 발행되지 않았다. 이렇게 전자파일이나 데이터에 불과한 전자화폐를 이용하는데 우리는 어느 누구도 불편하다고 생각하지 않고 있으며, 그 가치에 의문을 제기하지도 않는다. 그것이 조개껍질이든, 소금이든, 단지 종이쪼가리든 문제가 될 것은 없는 것이다. 단지 사람들이 얼마나 상호신뢰하고 있는지 그리고 얼마나 많은 사람들이 원하는지가 그 화폐가 이용될 수 있는지를 결정한다.

만약 모두가 원하지 않는 것이라면 그것은 화폐가 아니다.

사람들은 다른 모든 사람들이 항상 그것을 원한다는 것을 알고, 그것으로 무엇이든 교환할 수 있기 때문에 그것을 원하는 것이다. 결국 비트코인의 미래는 전 세계에서 얼마나 많은 사람들이 그 가치를 믿어주고 원하느냐에 달렸다.

최근의 국내 카드사가 개인정보 유출로 인해 국민들이 불안하고 있다. 국내 카드사의 운용하는 가상의 신용화폐에 대한 믿음을 감소시킬 수 있다. 내 전 재산이 나의 잘못도 아닌데 중앙 집중 적으로 관리되는 상황 때문에 털릴 수 있다는 두려움을 가지기보다 완전히 분산되고 암호화된 비트코인을 더 신뢰하고 이를 보유하거나 거래하는 것이 낫겠다는 판단을 하면 그것이 이상한 것일까?

개인적으로 현재의 비트코인의 상태는 달러나 금에 대한 믿음의 수준에는 미치지 못한다. 그렇기에 좀 더 지켜봐야 한다는 것이 정답일 것이다. 중국정부인 경우 불허결정에도 잠시의 출렁임이 있었을 뿐 빠르게 그 가치를 다시 되찾아가는 과정이다, 단점을 보완하는 수많은 서비스나 생태계가 등장하고 있는 점을 볼 때 개인적으로는 인터넷과 같은 또 다른 혁명적인 변화를 끌어낼 것이라는 쪽에 무게를 두고 싶다.

암호화폐는 강력한 암호화 기술을
기반으로 설계가 되어 있어,
기술적으로는 매우 안전한 재화이며
상품이다.

비트코인의 미래는 사람들의 믿음과 신뢰이다.
그리고 비트코인은 브랜드이다.

CHAPTER 06

비트코인 이용법

비트코인을 손에 넣는 가장 일반적인 방법은 비트코인 거래소에서 구매하는 것이다. 비트코인을 시작하려면 반드시 갖춰야 하는 애플리케이션이다.

비밀키가 유출되면 원하는 비트코인 주소로 코인을 송금하지 못하므로 철저하게 보관해야 한다. 현재로서는 국가에서의 법 정비가 진행되고 있는 과도기이다.

비트코인 거래소에서는 비트코인 구매와 판매가 모두 가능하다.

비트코인에는 일본의 도쿄증권거래소라든가 미국의 다우존스 같은 표준 거래소가 없다.

비트코인 구매

　비트코인 구매를 하기 위해서는 가장 일반적인 방법은 비트코인 거래소에서 구매하는 것이다. 비트코인 거래소는 주식시장과 같은 원리로 움직인다. 일반 참가자들이 "매입자의 매수가를 제시한다" 혹은 "팔고자 할때는 매수가를 제시한다"라는 주문을 서로 내놓으며 거래가 이루어진다. 거래소에는 주식거래처럼 차트가 있고, 그곳에 거래내역 현황이 표시된다. 0.001BTC 이하의 소액부터 구매 가능한 거래소가 많아 가볍게 시작할 수 있다.

　거래소와 별도로 판매소를 운영하는 회사도 있다. 판매소에서는 운영회사가 '1BTC당 얼마'라고 제시한 가격에 따라 필요한 만큼의 비트코인을 구매할 수 있다.

비트코인 지갑 만들기

　비트코인 웰렛Wallet이란 말 그대로 '지갑'을 뜻한다. 월렛은 비트코인을 보관할 때뿐만 아니라 송금하거나 수취할 때도 사용된다. 비트코인을 시작하려면 반드시 갖춰야 하는 애플리케이션이다.

　일반적으로 모바일 월렛이 가장 널리 쓰이는데, 스마트폰에 다운로드하는 형식이다. 특히 유명한 모바일 월렛은 브레드월렛Breadwallet이 있고, 그 외에도 무료로 다운로드할 수 있는 월렛이 많다.

　모바일 월렛은 거래소에서 구매한 비트코인을 자기 월렛에 송금할 때, 다른 사람에게 받은 비트코인을 보관할 때, 가게에서 비트코인으로 결제할 때 사용한다. 다른 회사가 만든 월렛 중에서도 비트코인으로 송금이 가능하며 컴퓨터상에서 사용 가능한 월렛도 있다.

비트코인의 비밀 키Key 만들기

비트코인 거래는 과거부터 현재까지 있었던 모든 기록이 네트워크상에 공개된다. 거래 기록에는 A비트코인 주소에서 B비트코인 주소로 언제 얼마의 비트코인을 보냈는지에 대한 내용이 담겨 있다. 물론 비트코인 주소 하나만으로 개인이 누구인지 특정하지는 못한다.

자기 월렛에서 송금할 때는 비밀키가 사용된다. 비밀키는 본인이라는 사실을 증명하는 데이터이며 전자서명을 할 때에 이용된다. 그 비밀키가 거래 서명에 사용되어야 올바른 소유자가 보냈다는 증거로 확인한다. 서명이 발행되고 나면 아무도 거래를 변조하지 못할뿐더러 해당 거래는 네트워크에 공유된다. 비밀키는 비트코인 주소의 주인밖에 모른다. 네트워크상에 존재하는 비트코인 주소 정보만 가지고는 비밀키 특정이 불가능하다.

비밀키는 월렛 내에서 관리되므로 월렛을 통해 자기 비밀키를 확인할 수 있다. 거래소에 비트코인을 맡긴 경우라면 거래소가 비밀키를 관리한다. 비밀 키가 유출되면 원하는 비트코인 주소로 코인을 송금하지 못하니 철저하게 보관해야 한다.

비트코인의 거래소 선택

비트코인은 많은 사람들이 거래하는 다수의 거래소가 있지만 선택이 중요하다. 국가들은 암호화폐로 인정하지 않고 있는 현실이다. 현재로서는 국가에서의 규제화 및 관련법 정비가 진행되고 있는 과도기에 있다는 것으로 인지하면 될 것이다.

거래소를 선택 할 때 알아야 할 점은 다음과 같다. 먼저 거래소 자체의 안전성과 신뢰성이 있는지에 정보를 파악해야 한다. 또한, 거래소에 대해 구체적인 서비스를 살펴봐야 한다. 입금 방식에는 어떤 종류가 있고, 제휴하는 은행은 어디인지 확인한다. 입금은 무료이지만 출금할 때 수수료를 적용하는 곳이 있으니 꼼꼼하게 확인할 필요가 있다. 그리고 거래 수수료가 얼마인지, 거래 수단이 사용하기 편한지, 스마트폰과 앱 간의 연결 지원하는지, 차트는 보기 쉬운지, 어떤 기술적 분석 Technical Analysis : 과거의 시세나 거래량 등을 계량화하거나 도표화해서 일정한 패턴

을 찾는 분석 기법이 표시되는지 등도 확인해 둘 필요가 있다.

비트코인의 해외 송금

거래소에서 비트코인 구매하기 위한 송금절차를 살펴보자.
첫째, 비트코인을 어디서 구매를 할 것인지에 대해 선택을

한다. 둘째, 계좌Account를 작성한다. 보통은 메일 주소만 있으면 계좌 작성이 가능한데 돈을 입금하거나 실제로 비트코인을 매매할 경우에는 은행계좌 등록 및 운전면허증이나 신분증으로 본인임을 확인휴대전화로 사진을 찍어서 전송 절차가 필요하다. 빠르면 당일 내 계좌를 개설하여 거래를 시작할 수 있다.

셋째, 비트코인을 구매할 돈을 입금한다. 본인이 은행계좌에서 본인의 거래소 계좌번호로 송금하면 된다. 넷째, 비트코인을 구매한다. 비트코인 거래량은 2017년 4월 현재 1BTC당 약 12만 엔이지만 100엔부터 살 수도 있다. 비트코인 거래의 가장 큰 특징은 365일 24시간 내내 시세가 변한다는 점이다. 달러, 유로, 엔 등의 외환거래는 주말에는 환율을 갱신하지 않아 매매가 불가능한데, 비트코인은 주말에도 거래가 가능하다. 거기에 외환거래나 주식거래와 마찬가지로 지정가 혹은 역 지정가 주문도 가능 한다. 예를 들면 "1BTC가 10만엔이 되면 사겠다"라고 미리 가격을 지정해서 주문하는 방법이다. 덧붙여 일부 판매소에서는 신용카드로 비트코인을 구매할 수도 있다.

하지만 비트코인을 이용하면 상대방에게 직접 송금이 가능하면서도 금액은 불과 십 몇 엔밖에 들지 않는다. 게다가 365

일 24시간 언제든 거의 실시간으로 입금을 할 수 있다.

비트코인을 송금할 때에는 먼저 송금을 받을 상대방의 비트코인 주소를 알아야 한다. 비트코인 주소는 메일 주소와 비슷한 점이 있다.

비트코인 주소는 개인의 소유하지만 국가 간에 관계없이 동일하게 발급되며 전 세계적으로 중복되지 않는다. 주소만으로는 아무런 의미가 없을 지더라도 가령 '12WeGZ p9EpWDJie-iDCKneFPq3UMnKOJ6tj'가 주소임을 아는 사람은 누구나 그 사람에게 비트코인을 송금할 수 있다. 비트코인 주소는 소유하지만 그것만 가지고는 주소의 소유자가 누구인지 판별하지 못할 수도 있다. 비트코인 주소는 QR코드 형식으로도 표시가 가능하기 때문에 스마트폰 카메라로 스캔해서 송금할 수도 있다.

비트코인을 송금하면 얼마간 상대방의 지갑에 '미승인'이라는 표시가 뜬다. 해당 거래를 비트코인 네트워크 전체에서 검증하고 승인하는 작업이 이루어지는 것이다. 승인을 1회 사용하는데 약 10분여 시간이면 끝난다. 그 후 여러 차례 승인이 이루어지는데 승인 횟수가 늘어날수록 거래의 안정성이 확고해진다.

거래 한 번에 승인이 여러 번 발생한다는 점에서 스스로 처리상태를 확인하여 그 자리에서 확정되는 은행 송금과는 대조적이다.

비트코인 보관 시 주의사항

비트코인을 직접 보관하는 경우에는 분실 우려가 있다.

가장 많이 발생하는 분실형태가 피싱Phishing이다. 피싱이란 평소 이용하는 거래소나 혹은 컴퓨터상의 웹 월렛과 똑같이 생긴 유사 사이트로 유도한 후 로그인 정보를 도둑질하는 사기 수법을 말한다. 월렛보안이 완벽할지라도 아이디나 비밀번호를 도둑맞으면 버틸 재간이 없다. 로그인 정보를 두둑 맞아서 자신의 비트코인이 다른 비트코인 주소로 유추된 사례도 있다.

실수로 웰렛을 지웠거나 스마트 폰 교체 후 자기 월렛을 복원하지 못해서 비트코인을 잃어버릴 가능성도 있다. 스마트 폰에 애플리케이션을 설치하는 형식의 모바일 월렛은 대부분 '복원 패스프레이즈'가 존재한다.

구매한 비트코인을 실제로 가게에서 사용하고 싶은 사람은 스마크폰 월렛에 옮겨서 보관하는 방법을 이용하면 된다. 자신의 월렛으로 비트코인을 직접 관리할 경우에는 한층 철저한 자기관리가 필요하다. 특히 사용하는 스마트폰을 분실했을 때를 대비하여 복원 패스프레이즈Passphrase, 전자서명, 암호화, 복호와 등에 사용되는 비밀번호로 패스워드보다 길며, 하나의 단어가 아닌 문장으로 구성되며 문장 길이가 길수록 보안성이 높아진다는 반드시 기록해 두기 바란다. 설령 스마트 폰을 잃어버리더라도 복원 패소프레이즈를 애플리케이션에 재입력해 복원할 수 있다. 거래소 보관은 로그인 아이디ID와 비밀번호를 잊어버려도 운영회사가 본인이 확인 절차를 거치면 계좌 복원이 가능하다. 각각의 장단점을 인식하고 용도에 맞게 구분하여 보관하거나 사용하면 된다.

비트코인의 판매

　비트코인 보유자들의 수중에 비트코인을 가지고 있다고 해도 그것으로 결제를 할 수 있는 장소는 아직 흔하지 않다. 그렇다 보니 비트코인을 쓸 수 있는 곳이 있을까? 하고 불안해하는 사람이 많은데, 현재 구매한 비트코인은 간단하게 현금으로 교환도 가능 한다.

　비트코인 거래소에서는 비트코인 구매와 판매가 모두 가능하다. 비트코인을 가장 손쉽게 거래하는 방법은 비트코인 거래소를 이용하는 것이다. 앞에서 말했다시피 비트코인은 아직 용도가 한정적이라 비트코인을 구매하는 사람 대부분은 가격 상승을 기대한다. 일종의 투기라고 볼 수 있다. 일반 금융 및 증거거래소는 오전 9시에 개장하고 오후 4시 전후하여 개장을 마감하는 것과 달리, 비트코인 거래소는 365일 24시간 내내 온라인 상 개장한다.

거래소뿐 아니라 판매소에서도 판매는 가능하다. 판매소에서도 보유하고 있는 비트코인을 현금으로 바꿀 수 있다. 이때 주의할 점은 구매가격과 판매가격의 차이다. 외환거래에서는 이것을 '스프레드'(Spread: 세계 각국의 국제간 금융거래에서 기준 금리인 '리보'LIBOR : London Inter-bank Offered Ratio와 실제 거래에 적용한 금리 간의 차이라고 부른다.

거래소에 따라 스마트 폰으로도 시세를 확인할 수 있는 곳이 있다. 일반적인 시세 확인 방법은 차트 데이터를 보는 것이다. 차트란 과거 시세의 변동을 그래프화 하여 흐름을 예측하기 쉽게 만든 자료이다.

비트코인에는 일본의 도쿄증권거래소라든가 미국의 다우존스 같은 표준 거래소가 없다. 토요타의 주가라면 도쿄증권거래소에서 얼마라고 결정하지만 비트코인은 전 세계에 있는 다양한 거래소에서 거래되기 때문에 거래소마다 시세가 다르다 거래하는 국가 마다 통화시세가 다르기 때문이라고 볼 수 있다.

출처 : 국일증권경제 연구소, 60분만에 아는 블록체인, 2018. 3

한 때의 금융거래의 위기가 더 많은 사람들의 개방·공유·참여·연결·거래·공유를 기반으로 한 새로운 웹 환경을 구축하는 데 큰 도움을 준 것이다.

원론적으로 금융 자체는 소수의 펀드 매니저들에게 막대한 부를 축적하기 위한 수단일 뿐 아니라 자본주의의 치명적 약점들인 경기변동, 산업구조 재편 등의 과정에서 나타나는 불확실성과 불평등을 극소화하기 위한 제도적 장치와 수단으로서의 잠재성을 가지고 있다.

블록체인을 기반으로 정보와 금융기술의 융합으로 충분히 실현가능한 것들이다. 비트코인의 탄생 배경이 은행의 무분별한 알트코인파생상품 남발로 발생한 금융 위기와 이를 해결하기 위한 정부의 통화 조작에 대한 불신이다.

당연히 다음번 금융 위기가 오면 비트코인은 가치가 더 상승할 수 있다.

우리가 일상생활에서 흔히 쓰는 1,000원, 10,000원짜리 종이돈이나 과거부터 현재까지 모든 화폐의 기반이라 불리던 금과 은과는 다르게 비트코인은 그 실체가 존재하지 않는 인터넷상의 전자화폐이자 암호화된 화폐이다. 흔히 분권화된Decentralized

275 | 비트코인Bitcoin의 열풍과 광풍

화폐라고 부르는데, 왜냐하면 비트코인은 사람들이 직접 채굴하고 거래하는 시스템이기 때문이다. 알기 쉽게 1,000원짜리 돈은 대한민국의 한국은행이 화폐를 만드는 제조처에서 찍어내는 것과 같다. 또한 우리가 다른 사람들과 거래할 때, 예를 들어 내가 쇼핑몰에서 옷을 구매하려고 판매자에게 입금할 때 나와 판매자의 거래에서 중개 및 거래로 은행이 우리의 거래를 중개하는 역할을 한다.

비트코인의 경우 한국은행처럼 정부 차원에서 돈을 찍어내는 기관이 없고 개개인의 사람들의 각자의 컴퓨터를 이용하여 비트코인을 채굴Mining하면 되는 것이다. 블록체인Block chain을 이용하여 개인들끼리 거래하기 때문에 중앙은행이 중개자가 필요가 없다는 것이다.

비트코인 거래소는 증권거래 주식시장과
같은 원리로 365일 24시간 운영된다.

24시간 돈을 버는 방법을 모르면
노동의 종말에 귀속될 것이다.

비트코인은 해외 이주민들이 빠른 송금과
저렴한 환전으로 편리하다.

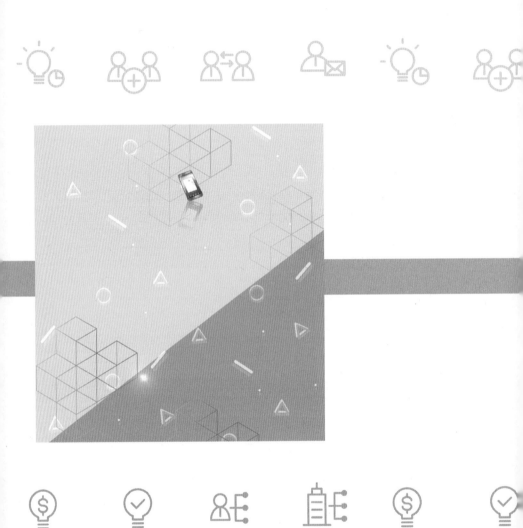

CHAPTER 07

알트코인 Altcoin

알트코인Altcoin이란? 최초의 단일 화폐인 비트코인을 제외한 나머지 암호화폐를 총칭한다. 그리고 파생상품이다.

비트코인의 대안Alternative 격으로 나왔다고 해서 '알트코인'alt-coin이라 부른다. 비트코인이 인기를 끌자 다양한 종류의 암호화폐들이 등장했는데, 대표적으로 비트코인Bitcoin을 제외한 편의상의 용어로 이더리움Ethereum, 리플Ripple, 라이트코인Litecoin 등이 대표적이다. 현재 대부분의 알트코인들은 비트코인으로 거래됩니다. 몇몇 거래소들은 이제 이더리움으로 알트코인을 거래하고 있다.

알트코인Altcoin 이란?

알트코인Altcoin이란? 비트코인을 제외한 나머지 암호화폐를 총칭한다. 영어로 Alternative Coin을 줄여서 alt만 따서 알트코인이라고 명명하고 있다. 비트코인을 제외한 모든 암호화폐를 일컫는 용어로 대표적인 알트코인으로는 이더리움, 리플Ripple, 라이트코인Litecoin, 모네로Monero 등이 있으며, 최초로 암호화폐가 개발되었을 때 그 코인의 이름이 비트코인이다. 비트코인은 정보량의 최소단위이다.

비트코인의 대안Alternative 격으로 나왔다고 해서 '알트코인' alt-coin이라 부른다. 비트코인이 인기를 끌자 다양한 종류의 암호화폐들이 등장했는데, 대표적으로 비트코인Bitcoin을 제외한 암호화폐를 전부 일컫는 편의상의 용어로 이더리움Ethereum, 리플Ripple, 라이트코인Litecoin 등이 대표적이다. 이외에도 대쉬, NEM, 클래식, 비트코인 클래식, 모네로, Zcash, 디크리드Decred 등이 종류가 있다.

알트코인의 시작과 배경

암호화폐는 광산에서 금을 캐쉬 인터넷에서 '채굴'해서 확보할 수 있다. 컴퓨터를 이용해 암호화된 문제를 해결하면 일정량의 비트코인이 발행되는 체계적인 구조이다. 하지만 알트

출처 : https://coinpang.com/data/file/news/15320187028731.jpg

코인은 비트코인과는 달리 작동 방식이 조금씩 다르다. 개발을 주도한 핵심 설계자가 어떻게 설계하느냐에 따라 운영방식이 다르기 때문이다.

아직은 암호화폐 하면 비트코인을 떠올리기 마련이다. 그런데 날이 갈수록 새로운 암호화폐들이 쏟아져 나오고 시장 규모 또한 커지고 매우 복잡하다. 거품 논란 속에서도 비트코인은 계속 성장해오고 있다. 그리고 이러한 비트코인의 성장에 힘입어 또 다른 암호화폐인 알트코인이 등장하여 비트코인과 경쟁을 벌이고 있는 실정이다.

알트코인Altecoin : Alternative Cryptocurrency은 비트코인을 제외한 또 다른 암호화폐를 뜻하는데, 신뢰성이 없는 통화들은 소멸되기도 하지만 또 새로운 암호화폐들은 거의 매일 쏟아져 나오고 있다.

최초로 암호화폐가 개발되었을 때 그 코인의 이름은 모두가 다 아시는 비트코인입니다.

비트코인은 개발될 당시 오픈소스로 해놓아서 누구든지 개발자라면 쉽게 카피를 해서 다른 새로운 코인을 만들 수 있도록 되어 있습니다.

그래서 비트코인 같은 코인들이 계속해서 생겨나게 되었고 지금은 2천개가 넘는 다양한 코인들이 시장에 나오게 되었다.

암호화폐 시장에서 차지하는 알트코인 비중이 갈수록 커지고 있고 비트코인 대안으로 언급되고 있다. 비토코인의 암호화폐 시장 점유율은 초기 90%이상에서 2018년 1월 에는 30% 이하로 떨어진 상태다. 그만큼 알트코인이 점유율이 커지고 있다는 얘기이다.

✎ 알트코인의 출현 배경은 크게 두 가지다.

하나는 비트코인은 개발될 당시 오픈소스로 해놓아서 누구든지 개발자라면 쉽게 카피를 해서 다른 새로운 코인을 만들 수 있도록 되도록 한 암호화폐의 출현이다. 대다수의 암호화폐들과 비트코인 캐시, 비트코인 골드도 이 부류에 속한다.

다른 하나는 비트코인이 결함을 보완하여 성능을 업그레이드한 것이다 특히 알트코인 대장격인 이더리움Etherrum은 특정 조건에서 자동으로 거래·송금이 가능한 "스마트 계약" 기술을 토대로 한다.

리플Ripple은 비트코인의 단점으로 지적되던 대량의 통화 환전 시 속도가 느린 문제를 보완된 화폐이며 이더리움 다음으로 3위의 규모를 가지고 있는 암호화폐이다. 그리고 라이트코인Litecoin은 역사가 오래된 코인이고 비트코인보다 송금이 초대 4배 빠르다. 국내 최초의 알트코인 보스코인Boscoin은 이더리움의 스마트 계약 기능을 더욱 보완한 '신뢰 계약'Trust Cointrect 기능을 추가한 기능을 보유하고 있다.

알트코인에 투자하기

현재 대부분의 알트코인들은 비트코인으로 거래되고 있다. 비트코인은 다른 암호화폐들에 대한 게이트 키퍼로 자리 매김하고 있다. 몇몇 거래소들은 이제 이더리움으로 알트코인을 거래할 수 있게 하였다. 이는 이더리움이 비트코인의 실질적인 경쟁자가 됐다는 것을 의미한다.

해외 거래소 폴로닉스Poloniex에서 거래를 하기 위해서는 비트코인을 먼저 구매하고, 그 비트코인으로 알트코인들을 거래해야 한다.

알트코인의 전망

　비트코인 애호하고 추종자들은 비트코인을 제외한 나머지 코인들은 투자가치가 없고 시간 낭비일 뿐이라고 생각하고 있다. 그들은 알트코인이 현재 비트코인이 가지고 있는 만큼 인프라를 갖추고 있지 못했기 때문에 알트코인은 성공할 수 없다고 생각한다. 하지만 이더리움은 이러한 경우를 뛰어넘어 자신이 모든 코인들 중 자부심을 갖고 있는 자동거래 시스템 가치가 있다는 것을 증명하고 있다. 이더리움은 비트코인을 뛰어넘어 최후의 승자가 될 계획을 가지고 있다.

알트코인Altcoin의 종류

암호화폐의 정보를 제공하는 웹사이트 코인마켓 캡에 따르면 2017년 12월 21일 기준으로 비트코인을 포함해 세계시장에서 거래되는 암호화폐와 비트코인을 제외한 나머지 코인을 알

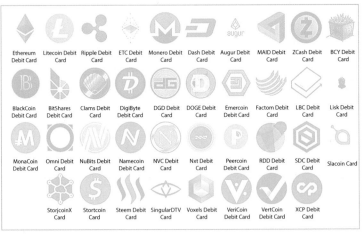

출처 : https://t1.daumcdn.net/cfile/tistory/997BDC435A824EE726

트코인이라고 하고 있다.

2009년 최초의 암호화폐인 비트코인이 출시했고, 이후 이더리움, 라이트코인, 리플, 모네로, Zcash, Dash, 에이코인 등 수많은 암호화폐가 등장하고 있다.

알트코인은 많은 종류 중 이더리움Ethereum, 리플Ripple, 라이트코인Litecoin에 대해 우선 알아보기로 하자.

출처 : 이용갑 비트코인 경제학. (2017. 12)

이더리움Ethereum

블록체인 기술을 여러 분야에 접목할 수 있도록 업그레이드한 기술에 기반을 둔 '2세대 블록체인'이라 할 수 있다.

비탈릭 부테린Vitalik Buterin, 2014년 20세에 의해 개발한 비트코인으로 영감을 받아 만들어졌다. 이더리움은 비트코인과 달리 단순 화폐 기능에서 만족하지 않고 블록체인 시스템의 기본프레임에서 프로그래밍이 가능하게 한 플랫폼이자 프로그래밍 언어라 한다. 블록체인 기술과 스마트 계약이 적용되어 있어 각광 받는 암호화폐 중 하나이다. 블록체인 기술은 암호화폐로 거래할 때 발생할 수 있는 해킹을 막는 암호로 거래에 참여하는 모든 사용자에게 거래내역을 보내 거래자들의 이를 대조하여 데이터 위조를 막는 방식을 사용한다.

이더리움 블록체인은 다양한 부가서비스 개발을 염두에 두고 설계했기 때문에 확장성이 비트코인 블록체인보다 크다. 스마트 계약 기능을 통해 계약 과정을 설정하면 계약의 자동화가 가능하다. 서류상 계약과 달리 특정 조건을 만족하면 자동으로 계약을 이행하므로 상대방이 계약을 파기할 우려를 줄일 수 있다. 같은 방식으로 보험이나 은행 업무 등 금융 분야를 포함해 전자투표나 각종 계약, 유언장 등에도 응용할 수 있다. 특히 사물인터넷IoT에 적용하면 기계 간 금융거래도 가능해진다. 예를 들어 고장난 청소로봇이 정비로봇에 돈을 내고 정비를 받고, 청소로봇은 벌기 위해 정비로봇의 집을 청소하는 것도 가능해진다.

개발한 암호화폐 단위로 이더ETHER로 쓴다. 자동으로 계약이 실행하거나 전자투표, e-mail 등 다양한 프로그램에 적용할 수 있는 확장성을 제공 하는 Smart contract 기능을 구현할 수 있다. 이 기능들의 다양한 금융 애플리케이션을 투명한 운영으로 비트코인과 마찬가지로 블록체인데이터 분산저장 기술을 활용한 암호화폐이다.

리플Ripple

리플Ripple은 본래 2009년에 코인이 아닌 간편 송금을 목적으로 개발된 결제 프로토콜이다. 이후 2012년 오픈코인OpenCoin이라는 회사가 설립된 이후 암호화폐가 발행됐다. 리플Ripple은 비트코인, 이더리움알트코인에 이어 세계 3위의 규모를 가지고 있다. 비트코인이나 이더리움과 달리 채굴이 불가능하다. 리플은 블록체인 네트워크인 '리플넷' 안에서 일종의 송금 수수료 개념으로 쓰인다.

리플Ripple은 전 세계 여러 은행들이 실시간으로 자금을 송금하기 위해 사용하는 프로토콜 겸 암호화폐이다. 즉 리플은 글로벌 정산 네트워크에서 기관의 정산 과정 시 발생하는 시간, 비용, 절차를 줄이기 위한 시스템이자 암호화폐인 것이다. 리플코인Ripple Coin이라고도 하며 화폐 단위는 암호화폐의 리플로 표시한다.

리플코인Ripple Coin은 금융 분야에서 사용하기 위한 용도로 개발된 것이고 특히 금융기관 간의 송금과 결제 등 제도권 시장을 지원하기 위해 발행된 화폐다.

리플의 대표적인 장점은 결제의 신속성과 확장성이라고 할 수 있다. 더불어 암호화폐 리플XRP은 초당 1,500건의 거래를 연중무휴로 처리하고 있으며, 신용카드 Visa와 같은 처리량을 처리 할 수 있도록 규모 확장이 가능하다.

라이트코인Litecoin

라이트코인Litecoin은 2011년 10월 전 구글 소프트웨어 엔지니어 찰리 리Charlie Lee가 공개한 암호화폐의 하나이다. 비트코인에 비해 채굴이 비교적 쉽고 거래 속도가 빠른 장점이 있다.

채굴량은 약 8,000만2013년 기준 개로 비트코인보다 4배의 수준에 많다. 간편한 채굴이 장점이며, PC용 또는 GPU으로도 채굴이 가능하다. 일상생활에서 가볍게 쓸 수 있게 설계 됐다. 2009년에 등장해 대표적인 전자화폐로 떠오른 '비트코인' 표식이 금색인 것을 헤아려 은색을 썼다. 인터넷 은화로 자리 잡으려는 뜻이다.

이 밖에도 폴리비우스Polybius는 사물인터넷, 빅데이터, 블록체인 기술을 활용한 인터넷 은행 설립 코인이며 큐텀Qtum은 중국판 이더리움으로 비트코인과 이더리움의 장점을 결합한 것이 특징이다.

알트코인과 비트코인의
연관관계

알트코인Altcoin과 비트코인Bitcion의 시장에서의 연관관계는 어떠한지 이루어졌는지에 대해 알아보자.

첫째, 비트코인의 부족한 부분을 보완해 주고 있다. 비트코인은 추적이 어렵고 또 사용자의 경제활동을 금융기관이 중간에 관여하지 않고 P2P간의 자유스럽게 거래할 수 있는 것이 매력적이다. 둘째, 알트코인은 비트코인의 건강한 경쟁 상대가 될 수 있다. 알트코인은 암호화폐 사용자들에게 비트코인이 아닌 다른 거래 수단의 선택권을 줌으로써 비트코인 개발자들이 꾸준히 비트코인을 발전시킬 수 있게 자극을 준다. 현시점에서 이미 비트코인은 반감기를 넘어섰으나 그 외의 알트코인은 아직 신생기이기에 커다란 수익률을 기대할 수 있다는 이유로 투자와 투기의 대상이 되고 있다.

알트코인들은 비트코인 등장한 이후에 많은 암호화폐들이 만들어 지고 있다. 그러나 대부분 비트코인을 선호하고 알트코인에 대해서는 효용성이나 실용성 그리고 존재 가치가 크게 떨어지는 현상이 보이고 있고 또 암호화폐 전체를 하나로 묶어보면 인플레이션 현상이 발생할 수도 있다는 우려까지 나오고 있다.

알트코인에 대한 투자에는 최소 1년 이상 거래 내역을 살펴보거나 개별적으로 정보를 통한 신중한 분석이 필요하다. 최근에 새롭게 부상하고 있는 알트코인이 늘어나고 있다. 거래량이 지나치게 적은 코인은 피하는 것이 투자자의 피해가 덜

할 것이다. 거래량이 지나치게 적은 알트코인은 일명 '잡코인'
으로 분류돼 거래소에서 퇴출될 수도 있기 때문이다. 실제로
주요 암호화폐 거래소는 거래량이 낮은 코인을 주기적으로 방
출하는 절차에 있다. 100개에 이르는 암호화폐를 상장하고 있
는 미국 거래소 폴로닉스Poloniex는 2017년 중 34개의 코인을 목
록에서 제외시키는 사례가 있다

　비트코인은 디지털 통화 목적으로 만들어졌지만 알트코인은
다수가 게임이나 의료, 사물인터넷IoT, 인공지능AI, 부동산, 펀
딩, 경매 등 다양한 분야 산업에 블록체인의 기술을 접목한 것
들이다. 이러한 기술기반의 알트코인들은 4차 산업혁명시대에
커다란 역할을 수행할 것으로 기대된다. 따라서 기술력 기반
알트코인의 기능을 활용한 삶의 가치가 높아지는 환경문화 조
성해 나가는 것이 바람직한 새로운 시대의 희망이라 본다.

가격 상승과 거래량 증대

이더리움도 암호화폐인 관계로 비트코인처럼 채굴을 통해 발행된다. 그러나 비트코인과는 달리 채굴량이 한정되지 않기에 이론상으로는 무한대의 이더리움 채굴이 가능하다. 그러나 이더리움 재단은 매년 공급물량을 1,560만 이더Ether로 계획하고 있으며 실제로는 이보다도 더 작은 1,050만 이더Ether를 공급해 왔다. 지금까지의 이더리움 총 발행량은 초기 참여자 지급과 재단 운영비에 소요된 약 7,200만 이더Ether에 신규 채굴량을 포함하더라도 총 1억 이더Ether를 넘지 않는다.

더욱이 조만간 채굴 보상 방식을 기존의 작업 증명 방식POW에서 지분 증명 방식POS으로 변경함으로써 발행량을 제한할 것이라는 예상도 나오고 있다. POS란 이더리움을 많이 소유하고 있는 사람에게 채굴 우선권을 주는 것인데 이에 대해서는 많은 논란이 이어지고 있다.

최근 이더리움 가격 급등 원인으로는 하드포크의 성공, 글로벌 투자사들의 이더리움 기반으로 파생상품 출시 계획 등이 복합적으로 작용한 것으로 풀이된다. 특히 조만간 비트코인처럼 이더리움 파생상품이 출시 될 경우 막대한 기관자금이 유입될 수 있다는 기대감이 크게 작용한 것으로 보인다.

코인의 다양화

카르타노Cardano

카르타노Cardano 플랫폼에서 유통되기 때문에 '카르타노 Cardano'라고 불리기도 한다. 1세대 암호화폐인 비트코인, 2세대 이더리움에 이은 3세대 암호화폐로 불리고 있다 에이다ADA 는 코인 소유자라면 누구나 프로토콜을 변경하고 코인 성능을 개선하는 등의 투표에 참여할 수 있다 코인 보유자의 참여로 도출된 합의는 하드포크가 아닌 소프트포크의 형태로 반영된다. 즉 또 다른 코인을 만들어 내는 것이 아니라 에이다ADA의 성능을 계속해서 개선해 나간다는 뜻이다.

에이다ADA는 2017년 10월에 출발하여 다른 암호화폐들과는 달리 중앙집중 방식을 채택하고 있다. 에이다는 짧은 기간 동안에 무서운 상승세를 보이고 있는데, 2017년 말 상장 시가총액 약 250억 달러로 5위에 올라있다. 총 발행량은 450억개이며 현재 260억개가 유통되고 있다. 일본이 전체 물량의 약 90%를 소유하고 있을 정도로 특히 일본에서 인기가 높다.

또한 비트코인, 이더리움 등에 이어 시가총액 7위에 올라있는 주요 암호화폐로 꼽힌다. 국내 대형 암호화폐 거래소 4곳업비트·빗썸·코인원·코빗가운데 업비트와 빗썸에 상장돼 있다.

 스텔라멘Stellar Lumens, XIM

스텔라멘Stellar Lumens은 리플에서 하드포크된 암화화폐로 리플 개발자인 제드 맥케일럽이 2014년 출시하였다. 리플처럼 금융기관사이의 송금과 지불을 간편하게 하려는 목표를 가지고 태어났으며 스텔라라는 결제 플랫폼에서 사용된다. 이에 따라 통상 '스텔라Stellar'로 불리고 있다. 전송 속도가 빠르며 수수료도 매우 낮은 편이다. 특히 자산을 스텔라 자체 통화인 스텔라루멘으로 바꾸지 않고 기존 법정화폐나 다른 암호화폐 등으로 바로 전송할 수 있다는 장점이 있다. 암호화폐 인프라가 잘 구축돼 있는 선진국가보다는 주요 개발도상국을 중심으로 사업을 확장하고 있다. 스텔라루멘의 총 발행량 또한 리플과 마찬가지로 1,000억개이며, 상장 시가총액은 120억 달러로 10위권 내에 랭크되어 있다.

익명성을 중시하는 화폐

암호화폐는 법정화폐가 지니지 못한 다양한 기능이 있다. 특히 익명성을 중시하는 암호화폐들이 있는데 바로 대시Dash, 모네로Monero, 제트캐시Zcash이다. 탈중앙화된 오픈소스로 만들어진 디지털 자산으로 거래의 익명성에 가장 중점을 두었기 때문에 추적이 불가능하다는 공통점이 있다.

대시Dash

대시Dash는 원래는 Xcoin과 DarkCoin으로 불렸으나 이미지 재고를 위해 명칭을 변경하였다. 대시의 가장 큰 장점은 현금처럼 즉시 결제가 가능하며 익명으로 결제가 이루어진다는 점이다.

첫째, 거래의 익명성을 높였다. 비트코인의 모든 이체 내역은 어느 누구나 확인할 수 있도록 공개돼 있다. 그러나 대시는 '마스터노드Masternode'라는 새로운 형태의 노드를 구성해 거래를 서로 섞음으로써 거래 기록을 감춘다. 익명성을 구현하기 위해 마스터노드Masternode를 통한 코인조인Coinjoin이라는 기술을 사용한다. 코인조인Coinjoin이란 마스터 노드에서 최소 세 개 이상의 묶인 거래를 섞은 후 해당 거래 내역을 내보내는 방법을 뜻한다.

둘째, 실시간 이체 확인이 가능하다. 비트코인 네트워크에서 일어난 거래는 10분에 한 번씩 생성되는 블록과 함께 이체가 확인된다. 이 확인 작업이 여러 차례 거듭돼야 거래가 안전하게 처리됐다고 볼 수 있다 대시Dash는 비트코인의 경우 10분 이상 거리는 확인 과정을 거의 실시간으로 가능하게 한다.

🧔 모네로Monero

2014년 4월 BitMonero라는 이름으로 발행되었으나 줄임말로 모네로Monero라고 불리기 시작 가장 완벽한 익명성을 보장한다. 익명성을 구현하기 위한 기술로는 '링 시그니처Ring

Signature'라는 기술을 사용한다. 이는 거래가 시작되면 특정 그룹 내에서 키Key가 섞이도록 설정되어 있다. 따라서 그룹 내에서 거래를 확인하기 위해서는 반드시 개인키Private Key가 필요하고 이 또한 확인하는 절차가 매우 어렵다. 이로 인해 거래를 추적하는 것이 거의 불가능하다.

대시보다 더 철저한 보안이 유지된다. 대시는 누군가 거래 내역을 파괴하더라고 수년이 걸리기는 하지만 찾을 수가 있다. 그러나 모네로는 거래 당사자가 아니라면 링 시그니처Ring Signature 기술 덕분에 절대 내역을 알 수 없다. 즉 완전히 거래 내역을 숨기는 게 가능하다. 익명성을 완전하게 구현했다는 측면에서 볼 때 완벽하게 구현하지 않은 대시나 불안정한 제트캐시에 비해 가장 충실하게 기능을 수행한다. 이런 이유로 모네로는 범죄 단체에서 비번하게 사용될 수 있다는 위험성을 지니고 있다. 전송 속도도 또한 빠르고 익명성을 완전하게 충족한 측면에서 모네로는 자금 세탁을 위한 용도로 가장 많이 쓰일 우려가 있다.

제트캐시Zcash도 2016년 10월 출현한 익명성을 강조한 암호화폐로 추적이 불가능한 분산 암호화폐이다. 총 공급량은

2,100만개로 한 개의 블록이 생성되는데 2.5분이 소요된다. 제트캐시는 'Zero-Knowledgeproof'라는 기술을 기반으로 암호화가 실행되어 진다. 이는 제공자가 제공하는 정보 외의 것은 이를 제공 받는 사람이 절대 알 수 없도록 설계되어진 개념이다.

기타 알트코인들

네오NEO

중국 최초의 블록체인 기반 암호화폐인 '네오NEO' 또한 중국에서 인기가 매우 높다. 2015년 10월 출시되어 초기 이름은 'Antshare ANS'였으나 2017년 7월 NEO로 개명했다. 1억개의 발행량 중 현재 시장에는 6,500만개가 유통되고 있으며, NEO 협의회에서 보유중인 나머지는 전략적으로 배포될 예정이다. 중국 최초의 코인이라는 상징성으로 인해 ICO규제 조치 이후에도 네오는 여전히 건재하다. 기술력도 뛰어나 모든 개발 언어를 지원하는 것이 특징이다.

비트코인의 블록체인이 지닌 안전성과 이더리움의 스마트 계약 기능을 혼합한 것이다. 채굴 방식도 이더리움과 같이 지분증명POS방식을 채택하고 있다. 총 발행량은 1억개이며, 5,100만개가 유통되고 있다. 상장시가 총액이 45억 달러를 상회하면서 15~20권을 유지하고 있다.

 넴NEM

넴NEM은 일본에서 가장 인기 있는 암호화폐이다. 상장 시가 총액이 2017년 12월 약 150억 달러로 10위권 내에 랭크되어 있다. 가장 큰 특징은 POL알고리즘을 상용한다는 점이다. 'POLProof of Importance'는 POW, POS방식과 달리 활발히 거래를 할수록 시스템에서 중요도를 높게 평가받아 더 많은 양을 지급해 주는 알고리즘이다.

다시 말해 채굴의 보상을 보유하고 있는 자산에 한정되는 것이 아니라 거래 금액, 거래량, 유동성 등을 평가하여 넴 네트워크에 적극적으로 참여하는 사람에게 수수료를 분배하는 시스템이다. 때문에 모든 사람에게 평등한 이익을 얻을 수 있는 기회를 주고 있다.

이런 관점에서 네오는 일부 채굴자에게 보수가 치우치지 않게 설계된 최초의 암호화폐라고 할 수 있다. 그리고 비트코인 등은 '채굴Mining'한다는 표현을 사용하는데 비해, 넴은 '수확Harvest'한다는 표현을 사용하고 있다.

아이오타IOTA

아이오타IOTA : 가상화폐 유동 서비스 제공는 2015년 10월 상장된 이후 상승세를 빠르게 이어가고 있다. 특히 2017년 12월 삼성과 마이크로소프트 등 거래 IT기업들과 제휴를 맺었다는 소식이 전해지면서 가격이 급등하였다. 발행량은 27억개로 상장과 동시에 전부 유통되고 있다. 상장 시가총액은 약 110억 달러로 10위권에 랭크되어 있다.

아이로타는 사물인터넷에 최적화된 암호화폐다. 사물인터넷 기술이 발달하고 사물들 모두가 인터넷에 연결되어 수많은 정보를 주고받는다. 이렇게 되면 아주 작은 거래가 많이 발생하게 된다. 따라서 기존이 사물에 영향을 주지 않으면서 통신 간에 아주 작은 금액을 지불할 수 있는 방법이 필요해진다. 이것이 아이오타가 탄생한 배경이다.

이 기술을 위해 'Tangle'이란 새로운 기술이 도입되었다. 이는 기존의 암호화폐 기반기술인 블록체인을 업그레이드시킨 블록리스Block Less분산원장이라고 할 수 있다. 기존의 블록체인은 거래가 늘어날수록 확장성이 떨어지는데 비해, 탱글Tangle은 거래가 많을수록 네트워크의 보안이 강화되고 확장성도 커지는 구조다. 또 비트코인과 달리 채굴 과정이 없기에 결제 수수료가 발생하지 않아 소액결제를 효율적으로 구현할 수 있다.

블록체인 기술를 기반으로 금융산업에 등장한 암호화폐
와 비트코인이 탄생 비트코인의 대안Alternative 격으로
나왔다고 해서 '알트코인alt-coin'

네오NEO코인은 중국의 네오

일본의 NEO넴NEM으로 채굴용어보다 '수확용어'를 사용

아이오타는 사물인터넷에 최적화된 암호화폐,
채굴과정 없고, 소액결제를 효율적으로 구현

블록체인 이해와 암호화폐

BLOCK CHAIN

PART 04

BLOCK CHAIN

나라별 최근 암호화폐 시장

미국이 앞으로의 경제성장률 인상과 실업률 하락을 예상하면서 금리를 인상, 일본의 암호화폐 거래소 잠제적 허가제 도입, 중국 규제하고 있으나 통제가 불가능하다. 스위스는 블록체인 기술개발을 금융업산업보다 투표 분야에 적용, 싱가폴 중앙은행은 암호화폐 거래소에 금융기관용 규제가 없다. 한국은 블록체인은 활성화 시키고 암호화폐 거래는 규제를 하고 있다. 의료산업인 경우 치료법을 개발하기에 치중하기 보다는 기술을 보유한 회사를 사들이는 방법을 선택 암호화폐 열풍으로 주목받았던 블록체인 기술이 4차 산업혁명 중심으로 진화를 거듭하고 있다.

미국

최근 1~2년 사이 전 세계 곳곳에서 블록체인 관련 스타트 업의 출현하고 있다. 미국은 IT 산업이 심장부, 스타트업의 요람 '실리콘벨리'가 베이지역Bay Area: 샌프란시스코를 중심으로 한 갤 리포니아 광역 도시권을 묶어 매우 넓은 지역을 실리콘밸리로 지정 하고 있다.

미국의 실리콘벨리에서 가장 뜨거운 화두는 단연 '블록체 인'이다. 실리콘벨리 이곳에 애플, 구글, 테슬라, 인텔, 페이스 북, 에어비앤비, 우버 본사가 포진해 있다.

뉴욕에서는 전통적인 금융업계에 있었던 인재들이 블록체 인 업계에 참여하기 시작하고 있으며, 샌프란시스코에서도 우수한 테크 인재가 블록체인 업계에 관심을 가지고 있다고 한다. 실제로 세계적인 지성들이 속속 블록체인에 관심을 가지고 있는 것을 보면 그 가능성을 미리 알 수 있다.

출처 : 매경 이코노미 창간39주년 (2018.7.4.)

미국이 앞으로의 경제성장률 인상과 실업률 하락을 예상하면서 금리를 인상하고 있다.

신흥국들의 화폐 가치 하락 및 외국인 자본 유출로 금융시장의 혼란이 야기 되고 있다. 미국 금리 인상이 암호화폐 시장에 활력으로 기대를 두가지 현상이 있다.

미국 금리 인상으로 인해 신흥국들의 화폐 가치 하락입니다. 현재 빠져나간 외국인투자자 자본에 집중 할 필요가 있다. 신규자본이 유입되기 전에는 일정한 양의 자본이 이동하는 현상이 온다.

이러한 현상으로 자본이 암호화폐 시장으로 흡수될 수 있다고 예측하고 있다. 미국의 금리인상과 더불어 미국과 중국과의 무역전쟁이 이러한 미국의 입장에 따라 현재 자본가들의 투자 방향이 엇갈리고 있는 상황입니다.

일본

일본의 암호화폐는 지난 6개월 동안 암호화폐보안 거래소를 통해 상당한 관심을 끌고 있는 허가제를 도입하는 등 관심을 갖고 있다. 전문가들도 Bitcoin이 잠재적으로 소비자 문화에 기여할 것으로 보이는 이점에 대해 잘 알고 있다. 일본은 GDP에도 0.3%정도의 영향을 끼치는 것으로 암시하고 있는 정도이다.

블록체인의 전문집단인 CRS는 2017년 11월부터 2018년 3월까지의 연구결과를 바탕으로 일본 금융청에 ICO가이드라인을 제안을 할 정도로 일본은 전 세계에서도 암호화폐에 대한 이해가 가장 높은 나라이며, 암호화폐의 가능성에 대한 인식을 바탕으로 법적 제도적 틀을 일본 금융청우리나라의 금융위원회와 금융감독원합한 기구에서 국제적인 동향 및 제도정비의 필요성 확인, 소비세 과세에 관한 법령개정, 자금세탁 및 테러자금 대책 등 제도화하는데 노력하고 있는 나라이다. 이러한 신뢰 속에 국가적인 측면에서 암호화폐 사업에 투자하고 있다. 암화화폐 거래를 장려

하는 것은 현금사용 비중을 줄이고 세금을 통한 국가 자금 확보를 하기 위한 정부의 입장도 있다. 우리나라는 현금 보다 신용카드사용 패턴이 굵어져 오고 있어서 세금 확보 등에 큰 영향에 도움을 받고 있는 현실에 있어, 일본은 카드 보다 현금을 사용하는 소비문화에 있어 국가가 소비통계를 산정하는데 어려움에 있다. 이러한 생활패턴이 이미 정형화 되어 버린 중장년층보다는 청년층을 통해 비트코인 사용을 장려하고, 2020년 도쿄올림픽에서 암호화폐를 정식 사용함으로 국가적으로 자금 확보 방안을 계획하고 있다고 보시면 될 것으로 판단해 본다.

중국

미국과 함께 블록체인 선두를 노리는 중국은 어떨까. 특허청에 따르면 2018년 1월 말 기준 블록체인 관련 특허출원 규모는 미국 497건으로 각각 500건에 육박한다. 지식재산 선진 5개 국한국·미국·일본·중국·유럽연합에 출원된 블록체인 관련 특허1248건 중 77.6%를 미국과 중국 양국이 점유하고 있으며 중국이 근소한 차이로 2등을 달리지만 14억명 인구에 기반을 둔 내수 규모, 기업 수 등 블록체인 기술을 응용할 시장이 잠재해 있어 미국 못지않게 발전할 가능성이 매우 높다.

중국의 실상

중국은 어느 도시 소매업장을 막론하고 주된 결제방식은 즈푸바오알리페이나 웨이신즈푸위챗페이 둘 중 하나다. 중국 오프라인 결제대금의 61%가 모바일페이로 이뤄진다는 한 조사 결과도 있었다.

중국 최대 경제도시 상하이에서는 그 비율이 아주 높다. 현금은 가장 덜 선호되는 결제방식으로 종종 수취거부를 당하는 일도 있다 한 조사에서는 조사대상 소비자의 37%, 사업자의 39%가 현금 결제를 거부당했거나 거부했다는 결과가 나온

적이 있었다. 그러나 중국 상하이에서는 소비자 및 결재자들의 현금을 소유하지 않고 다니는 경우가 비일비재 하다 보니 인지대, 복사비, 택배료 등 현금이 필요한 결제시에는 QR코드를 스캔하여 처리하는 사례가 발생하고 있다. 또한, 일상생활에 공과금 및 생활품을 구입하기 위해 마트, 편의점, 식당, 전기, 수도, 가수요금 경제는 모두 마윈이 만든 즈푸바오나 텅쉰이 만든 웨이신즈푸의 QR코드를 이용하여 결제가 이루어진다. 즈푸바오가 54%, 웨신즈푸가 38%의 시장점유율을 보이고 있다.

중국에 노숙자한국에서 쓰는 용어들은 암호화폐시대에 맞는 행동으로 동냥바구니 대신 QR코드로 받는 노숙자들의 실태를 볼 수 있다.

일반소비자들은 일반 생활품을 구입하기 위해서 마트, 상점 등에서 즈푸바오나 웨이신즈푸의 QR코드를 활용하여 이용하는 사례들을 목격할 수 있다. 상하이에는 즈푸바이오가 54%, 웨이신즈푸가 38%를 두 개의 코인의 암호화폐 시장이 형성되어 있다.

스위스

스위스는 블록체인 기술개발을 금융업보다 투표 분야에 우선 적용하고자 노력하고 있다. 이는 블록체인 기술의 범용성을 갖추는데 시작으로 볼 수 있다. 또한 암호화폐 투자자들을 대상으로 비과세 정책을 실시하면서 유럽에서 가장 블록체인 친화적인 국가로 자리매김하는 형태가 되고 있다.

스위스는 전통적인 은행권이 암호화폐암호화폐의 빠른 성장으로 '크립토 밸리Crypto valley'라 불리는 스위스 지역의 스타트업들이 연내 문호를 개방할 것으로 전망 된다고 보고 있다.

스위스 정부는 지난해 미국에 이어 2번째로 활발하게 암호화폐공개ICO를 통한 자금 조달이 이뤄진 곳으로, 그중에서 취리히 인근의 추크는 블록체인 기반 '크립토 밸리'연구단지를 조성하여 스타트업 200여 기업체를 육성 지원하고 있다.

싱가폴

싱가폴 통화청과 정부는 2016년 10월 22일에, 싱가폴 통화청Monetary Authority of Singapore (MAS)은 인도의 해안에 접한 주state인 안드라 프라데시Andhra Pradesh 정부와, 블록체인 개발 프로젝트에 협력하기로 '금융 서비스에 있어서의 혁신'에 집중한 규제 합의 발표해 왔으며, 2018년 7월 글로벌 중계플랫폼 전문기업 더비트윈글로벌(주)는 싱가폴 ICO컨설팅그룹 데이비스DAVIS와 공동으로 국내 및 해외 블록체인 업체들과 '싱가폴-한국 ICO를 위한 블록체인 포럼'을 블록체인 프레임의 특성상 탈중앙화된 글로벌 네트워킹이 필수적이다. 형식과 격식이 주는 유저들의 피로감과 소외감이 쌓이고 있다고 했다

이번 포럼을 통해 소개된 글로벌 블록체인 프로젝트는 TEMPOWP2P 암호화폐 트레이딩어플, FINNOQ분산크라우딩소싱 금융플랫폼, DECOIN수익재분배 암호화폐거래소, COTTON기부 및 광고 SNS플랫폼 등 다

양한 분야에서 혁신적인 프로젝트들이 소개되고 있다. 특히 RESSOR LEGAL싱가폴 ICO전문로펌에서 싱가폴 법인설립을 위한 법률 및 규제지식 소개하였다.

최근 싱가폴 중앙은행에 해당하는 새로운 시장 개척을 진행하는 암호화폐 거래소에는 기존의 금융기관용 규제를 적용하지 않을 것으로 알려졌다.

금융기관용 규제는 RMO의 새롭게 나뉠 3단계 체제의 경우 1단계가 기관투자자용 거래소, 2단계는 상품선물과 금융파생상품 거래를 취급하는 거래소, 3단계는 새로운 시장을 형성하려는 암호화폐 거래소 및 블록체인을 사용한 분산형 거래소(DEX), 각각 규제 레벨이 다른 금융 규칙을 세우고 있다.

기본 금융규칙은 블록체인을 사용한 거래소 등이 증가하는 점에 비추어 기존의 규제를 적용하기는 어렵다고 판단한 것으로 보인다.

한국

우리나라는 미래 인터넷 산업인 블록체인에 대해 어떻게 보고 있는가?

2018년 4월 3일 동아일보 기자와 미국 리플 암호전문가 슈처츠는 한국은 블록체인 기술을 이용하려는 창업가와 기업이 많고 관련 커뮤니티가 활발한 나라이며, 이런 분위기는 기술발전에 큰 도움이 된다고 하였다.

2018년 6월에 통계청에서는 블록체인기술을 산업분류에 포함하고 있다.

정부는 블록체인기술 발전전략을 마련하고 부처별로 시범사업을 추진중에 있다. 선거관리위원회는 온라인투표제를 실시하고 있다. 일부 지자체에서는 블록체인 지구를 지정하겠다고 발표한 바 있다.

국토부는 부동산 거래에 블록체인을 접목하는 시범사업 진행하고 있다. 외교부, 관세청, 해양수산부 등도 각각의 시범사업에 맞게 추진 중에 있다.

앞으로의 블록체인기술은 위 부처별 추진계획을 바탕으로 2019년부터 국가 승인통계 체계로 주기적인 산업실태조사를 추진 계획에 있는 것으로 알고 있다.

블록체인 기술은 우리나라 뿐만 아니라 세계적으로 뻗어나가고 있는 것은 분명하다. 노동 비용을 줄이고, 생산성을 높이는데 있어서 '기술'은 꼭 필요한 요소 중이다.

따라서 많은 의료 회사도 고유의 치료법을 개발하기에 치중하기 보다는 이러한 기술을 보유한 회사를 사들이는 방법을 선택하고 있다. 이런 방법이 수익성을 높이는 IT 및 규제 준수 비용을 절감하는데 더욱 큰 도움이 되기도 하기 때문이다.

이러한 목적을 달성하기 위해서는 블록체인 기술을 개발하지 않으면 수익성 사업에 발전을 기대하기가 쉽지 않을 것이다.

 과학기술정통부

자료에 따르면 국내 블록체인 시장은 앞으로 5년간 10배 성장이 전망된다. 시장조사기관 가트너에 따르면 오는 2030년까지 전 세계 블록체인 유관 시장 규모는 3조 1,000억 달러, 한화로 무려 3,433조2,500억 원대 수준까지 가파르게 성장할 전망이다. 블록체인이 거래 비용 절감과 안정성, 신뢰성, 편리성, 보안성, 플랫폼 생태계를 바꿀 잠재력을 지녔다고 밝히고 있다. 지금은 위험과 기회, 혁신 과제가 공존하는 영역이지만 우리나라가 생태계 주도자가 되려면 신뢰를 바탕으로 기술 개발자, 투자자, 암호화폐 발행자제주, 분야별 관리자도민들이 주체가 되어 자리를 빨리 잡아야 한다.

 서울

서울 노원구에서는 이미 지난 2월부터 노원NW코인을 활용 중에 있다.

그리고 김포시와 영등포구에서도 2018년 말까지 발행을 목표로 추진 중에 있다.

제주특별자치도

제주발전 블록체인 특구화 하여 제주도를 블록체인 허브로 조성2018년 7월 30일한다. 정부에 제주를 블록체인·암호화폐 특구로 지정하자고 제안했다. 2018년 8월 8일 세종시 정부세종 컨벤션센터에서 열린 지역과 함께 하는 혁신성장회의 석상에서 제주 글로벌 블록체인 허브도시 구축 프로젝트를 정부에 공식 건의하였다. 거래 과정에서 발생하는 투기나 돈세탁, 범죄 악용 같은 문제가 있지만 이는 암호화폐 시장 문제이지 암호화폐가 참여자간 지불과 이윤을 취하는 것 자체가 부도덕한 건 아니다. "시장 질서를 바로 잡으려면 블록체인과 암호화폐를 제도권으로 끌어들여 규제를 적용하는 게 더 효과적"이라면 제주발전 특구를 지정하여 이를 통해 규제를 완화해야 한다.

제주도에 특구를 지정하여 5년 동안 632억원 규모 투자, 신규 일자리 1800여개 창출이 가능할 것이라고 밝혔다.

블록체인의 발전을 희망하면서

다음과 같이 블록체인 발전을 위하여 세 가지 제안!

첫째, 제주발전 블록체인과 암호화폐 특구로 지정하고 정부와 함께 블록체인과 암호화폐 규제 모델 권한을 부여해 달라.

둘째, 규제 모델에 따른 제주 지역 내 암호화폐 거래소 활동을 보장하고 현재 가상계좌 개설 등에 대한 제약 사항도 완화를 허용해 달라.

셋째, 실효적 블록체인 비즈니스 육성과 글로벌 교류 활성화를 위해 규제 모델에 따른 제주 지역 내 블록체인 기업의 활동을 허용해 달라.

이를 위해 정부와 제주도, 민간기업이 참여하는 TFT을 구성하여 방안을 모색해야 한다고 제안하고 싶다.

'제주특별자치도가 국제자유도시로 글로벌 비즈니스에 필요한 규제 혁신을 수행할 수 있다'면 명확한 기준과 규제로 합리적 가이드 라인을 만들어 블록체인과 암호화폐 시장의 순작

용을 극대화 할 수 있다고 강조하고 싶다. 블록체인 산업육성
과 암호화폐 시장질서 유지를 위한 네거티브 규제 도입, 글로
벌 기준을 상회하는 거래소 허용, 암호화폐 거래소 일자리 창
출, 블록체인 사업의 검증, 안전장치 적용과 투기, 사기성 비즈
니스에 대해선 진입 규제를 강화하는 세부 사항을 제시하고
싶다.

제주형 플랫폼

암호화폐 기술 개발자의 연구 공간기준: 분야별 브레인스토밍 적정인
원 10명 내·외을 제공하고, 암호화폐 발행자와 분야별 관리자의
교육이 선행되어야 한다. 이에 전문가를 체계적으로 양성하
기 위해서는 지역대학에 블록체인 학과를 신설하여 뒷동산의
꿈이 아니라 허브의 동산으로 IT 강국의 선두 역할이 되기를
기원한다. 이를 실현하는 조건은 신뢰가 동반된 인적 네트워
크의 연결, 사물 인터넷의 공유, 암호화폐의 거래, 가치수단
의 교환 등이 산업기술로 이루어지는 편리한 세상의 되기를
희망한다.

✒ 시행착오

암호화폐를 포함한 블록체인을 간과하면 플랫폼 주도 기회를 상실하고, 플랫폼의 소비자로 남을 수밖에 없는 시행착오가 반복될 수 있다

✒ 제주형 블록체인 시작

제주도가 싱가포르처럼 블록체인 허브도시로 조성을 조성하는데 투자자들의 사업하기 쉬운 '제주 크립토밸리'를 추진 중이다.

제주도는 이 사업을 위해 암호화폐ICO 발행을 일정기간 규제를 받지 않는 특례제도Sand Box를 활용할 계획이지만 자본시장법과 유사수신행위규제법, 외국환거래법 등 실정법이 버티고 있어 넘어야 할 산이 많다는 평가를 받고 있다. 블록체인기업진흥 협회는 이를 위해 '블록체인산업 기본법'을 조속히 제정하고 거래사이트 운영과 ICO에 대한 법규, 신규투자자 계좌발급에 대한 진흥정책이 조속히 실시가 중요하다. 그리고 암호화폐 시장의 선점이다.

한국블록체인기업진흥협회는 2018년 8월 7일 서울시 중구 프레스센터에서 '한국암호화폐 산업 발전을 위한 기자간담회'를 진행했다.

제주도에 설립하는 거래사이트에 한해 제주은행이 가상계좌를 신규 발급한다.

정부가 제주도 내에 블록체인·전기차 사업 규제가 없는 '일정기간 규제가 없는 샌드박스형 지역혁신 성장특구'를 지정한다. 제주를 블록체인 허브 도시로 만든다는 제주도 계획이 탄력을 받을 수 있다. 세종시에는 예산을 투입해 인공지능AI·데이터 센터를 구축하고, '스마트 모빌리티' 활성화 차원에서 전동킥보드 등의 도로·보도 이용을 허용했다. 인천에는 드론 비행안전성 인증센터를 설치하고, 충남에는 여의도 면적 1.5배 크기 제조 혁신파크를 조성 한다.

지역과 함께하는 혁신성장회의

지역 혁신 성장 지원으로 2조5000억원 규모 투자가 이뤄지고, 1만명 일자리가 창출될 것으로 기대하고 있다.

정부는 17개 지방자치단체 시·도지사들과 함께 2018년 8월

8일 세종시 세종컨벤션센터에서 '지역과 함께하는 혁신성장 회의'를 열고 이 같은 계획을 확정했다.

우선 각 지자체가 건의한 '혁신성장 투자 프로젝트 지원 방안'을 확정했다. 지역 투자 수요가 있지만 과도한 규제 등으로 난항을 겪고 있는 다수 과제를 발굴, 지원 방안을 마련했다.

관련 근거를 담은 지역특구법 개정안이 국회를 통과하면 특구 참여 기업 연구개발R&D·실증사업 등을 지원한다. 기업은 이곳에서 규제 없이 블록체인·전기차 사업을 추진한다. '제주 크립토밸리암호화폐도시' 조성 계획을 밝힌 바 있다.

'제주도에 특구를 지정으로 5년 동안 632억원 규모 투자, 신규 일자리 1800여개 창출이 가능할 것'이라고 밝혔다.

스마트시티 국가시범도시 조성을 추진하고 있는 세종시는 개인형 이동장치 규제완화 하는데 노력하고 있다. 정부는 전동킥보드와 같은 개인형 이동장치의 도로·자전거도로·보도 이용을 허용한다. 국가시범도시세종·부산 내 AI·데이터 센터 구축 예산을 지원하고, 세종시의 국가산업단지 지정을 추진한다.

청라 로봇랜드에 드론 비행안전성 인증센터 설치가 필요하다는 인천시 건의를 수용, 부지가 확정되면 조성을 신속히 추진하도록 했다. 국유지를 제조혁신파크스마트공장로 활용하겠다는 충남도 의견을 반영, 관계 부처가 부지 활용 계획 마련을 검토 중에 있다.

제주특별자치도 의지

제주특별자치도는 중앙정부와 협의체제 구축으로 암호화폐공개ICO 국내 허용은 물론 글로벌 암호화폐 거래소를 제주에 유치하겠다는 강한 의지를 2018년 8월 8일 세종시 정부세종컨벤션센터에서 열린 지역과 함께 하는 혁신성장회의 석상에서 제주 글로벌 블록체인 허브도시 구축 프로젝트를 정부에 공식 건의했으며, 실천을 위한 의지를 밝히고 있다.

암호화폐가 돈세탁과 지하 경제 자금으로 악용되는 등 부작용이 있다. 그렇다고 블록체인 산업 자체를 고사시키려는 여러 규제는 관치금융의 시대적 착오이다. 스위스, 싱가포르, 몰타 등 이미 블록체인 특구로 자리 잡은 모델을 벤치마킹 하되, 한국 IT기술을 접목한 제주만의 블록체인 산업의 선구자 아시아의 작은 섬 한라산의 되기를 기원해본다. 그러기 위해서는 블록체인 교육이 우선되어야 한다. 특히 소상공인, 골목상권, 전통시장의 시범적용이 필요하다. 실패는 빨리 경험할수록 플레폼의 세계를 만들어 가는 밑거름이다. 환경구축과 함께 암호화폐 시장의 거래를 선점해야 한다, 투자자, 암호화폐 발행권량 등 행위의 주체가 제주이어냐 한다는 보장이 없다.

- 나라별 특징들

  미국 : AI, 빅테이터   일본 : 로봇

  중국 : 드론   한국 : IT

- 법인세

  스위스 : 8%   싱가폴 : 17%

  일본의 과도한 세율

- 제주의 블록체인과 암포화폐 특구화

- 우리는 비트코인만 알고 있다.

블 록 체 인 이 해 와 암 호 화 폐

BLOCK CHAIN

APPENDIX

BLOCK CHAIN
용어정리

1. P2PPeer to Peer 방식

P2PPeer to Peer 방식의 줄임말 표현이다. 쉽게 말해 컴퓨터의 쌍방향 파일 전송 방식을 생각하면 된다.

2. 암호화폐/암호화폐Cryptocurrency

암호학을 기반으로 하는 화폐이다. 정부 또는 중앙은행에서 발행하는 법정 지폐와 달리, 암호학을 기반으로 하는 수학적 문제의 해결에 의해 생성된다.

3. 개인키Private Key

주소와 수학적으로 연결된 문자/숫자열로 사용하며 개인 비밀키를 가지고 있어야 비트코인을 전송 할 수 있다.

4. 암호화폐 거래소cryptocurrency exchange

빗썸, 코인원, 코빗, 업비트 대표적인 암호화폐 거래소이다. 우리나라 정부는 가상통화 취급업소라는 용어를 사용한다. 운영 방식은 증권 거래소와 비슷하다. 주로 거래되는 품목은 비트코인, 이더리움, 모네로, 대시, 리플 등 암호화폐이다.

5. 고래Whales

어떠한 암호화폐를 아주 많이 가지고 있는 사람을 일컫는다. 단기간으로 봤을 때 시장 가격을 흔들 수 있을 만큼 많은 양을 사거나 팔 수 있다.

6. 기초 분석FA: Fundamental Analysis

내재 가치를 판단하기 위한 분석법이다. 여기서 판단한 가치는 상업적인 이익을 짐작하기 위해 쓰이고, 미래 가치에 대한 판단 기준으로 쓰인다.

7. 노드Node

비트코인 네트워크에 연결된 컴퓨터로, 다른 사용자에게 거래를 전송하는 역할이다.

8. 디도스DDoS: Distributed Denial of Service

서버 네트워크에 단순한 명령을 도배함으로써 서버의 작동 능력을 무력화 시킴, 서버에 대한 공격의 일종이다.

9. 디플레이션Deflation

경제에서 일정한 시간동안 가격의 하락을 말한다.

10. 롱 포지션Long Position—A long

나중에 더 높은 가격에 팔기 위해 빌린 재화를 현재 구매하는 행위를 말한다.

11. 마스터노드Masternode

채굴의 일종으로, 사용자가 온라인 지갑에 많은 양의 암호화폐를 저장하면 네트워크가 블록체인 사용자의 거래를 유효화 시키는 데에 도움이 된다. 시스템은 마스터노드에 코인을 저장하여

네트워크를 지지하는 사용자들에게 몇 %의 코인을 주기적으로
제공한다.

12. 마진거래Leverage

잠재적인 수익을 극대화시키기 위해 보통 거래소를 통해 빌린
재화를 쓰는 행위를 말한다.

13. 매수벽/매도벽Wall

매수벽이나 매도벽이 존재한다고 할 때, 특정 가격에 코인을 사
기/팔기 위한 주문이 매우 많이 쌓여있는 상태를 말한다

14. 법정화폐Fiat

법적으로 정부에서 그 가치를 보증 받지만, 금과 같이 물리적인
실체에 의해 뒷받침 되지는 않는 화폐를 뜻한다.

15. 블록 높이Block height

어떠한 블록체인 플랫폼에서 현재까지 채굴된 블록의 개수이다.

16. 비트코인 가격 인덱스BPI: Bitcoin Price Index

비트코인 가격 인덱스는 세계의 주요 거래소에서의 비트코인 가
격을 평균하여 보여주는 값이다.

17. 사토시 나카모토Satoshi Nakamoto

비트코인 프로토콜을 개발한 사람 또는 단체의 가명이다.

18. 세그윗Segwit

비트코인 블록체인에 적용한 노드 및 프로토콜에 대한 대표적인
업데이트 중 하나이다.

19. 소프트 포크Soft Fork

소프트 포크는 하드포크와는 약간 개념이 다르다. 업데이트하
지 않은 노드도 새로운 블록을 유효한 블록으로 간주하기 때문
에, 이전의 버전과도 호환이다. 하드포크는 모든 노드가 새로운
버전으로 업그레이드 해야 하는 반면에, 소프트 포크는 반 이상
의 채굴자의 동의만 있으면 된다.

20. 숏 포지션ShortPosition

나중에 더 낮은 가격에 사기 위해 빌린 재화를 현재 판매하는 행
위이다.

21. 스마트 계약서Smart Contract

블록체인에 보내어 실행할 수 있는 코드의 일부분을 말한다. 블
록체인 플랫폼에 돌아가는 어플리케이션을 쓰기위해 사용한다.

22. 스탑 주문Stop Loss

재화의 가격이 설정된 특정 가격이 될 때 들어가는 주문을 말한
다. 설정한 가격보다 높은 상태를 유지할 때 주문은 실행되지 않
는다.

23. 실크로드Silk Road

불법 제품들의 매매를 위해 만들어진 온라인 사이트Deep web에
존재한다로, 거래의 주요 수단이 비트코인 있다.

24. 암호학Cryptography

블록체인이 보관하고 있는 정보를 보호하는 수학적 기술과 방법
의 세트로, 블록체인의 보안성을 증진시켜주고 불변성을 보장하
는 역할이다.

25. 에어드랍Airdrop

에어드랍은 특정 시간에 특정 코인을 가지고 있는 사람, 또는 어
떠한 일을 수행한 사람에게 코인을 분배하는 이벤트이다.

26. 이더리움 가상 머신EVM: Ethereum Virtual Machine

스마트 계약서 및 이더리움의 프로토콜이 안전하게 실행될 수
있는 가상 머신이다.

27. 일본 캔들Japanese candle

경제학에서 쓰이는 그래픽 분석 방법론이며, 18세기 쌀 시장에
서 일본이 처음으로 사용하기 시작하였다.

28. 익절TP: Take Profit

이득을 보고 암호화폐를 파는 것을 말한다.

29. 양자컴퓨터quantum computer

양자 역학에 대한 연산을 행하는 컴퓨터. 기존 컴퓨터의 한계를 초월하는 모델을 양자 컴퓨터의 기본 동작은 큐비트Qubit: 양자 컴퓨터로 계산할 때의 기본 단위란 양자 역학적인 조작을 한다.

30. 자금세탁 방지AML: Anti-Money Laundering

각 나라의 정부가 자금세탁을 방지하기 위해 만든 법을 일컫는다. 지난 몇 년간 정부 당국들은 자금세탁 방지법을 암호화폐를 이용한 상업 활동에도 적용시키려고 노력해왔다.

31. 자금 유동성Liquidity

재화를 가치의 변동 없이 효율적으로 사거나, 팔거나, 거래할 수 있는 능력을 말한다.

32. 조정Pullback

암호화폐의 가치가 단기간에 급격한 상승이 일어났을 때 다시 가격이 내려가는 것을 말한다.

33. 존버HODL: Hold On for Dear Life

암호화폐를 사고팔지 않는 행위를 말한다.

34. 종이 지갑Paper Wallet

지갑에 대한 정보를 가지고 있는 인쇄된 지갑입니다. 여기서 말하는 정보는 개인키, 공개키 등을 말한다.

35. 주문형 반도체ASIC: Application-Specific Integrated Circuit

특정 작업만을 수행하기 위해 개발된 칩입니다. 비트코인, 암호화폐 세계에서는 해싱 문제를 해결하기 위해 쓰이다. 이를 암호화폐를 채굴한다고 말한다.

36. 차트 분석TA: Technical Analysis

시장 데이터를 이용하여 트랜드를 발견하고 미래 가격에 대한 예측을 하는 금융 분석법이다.

37. 채굴Mining

블록에 포함된 모든 거래를 유효화 시키는 행위를 말한다.

38. 채굴 풀Mining Pool

두명 이상의 채굴자가 계산력를 모아서 블록 문제를 해결하고 보상을 받는 것을 말한다. 채굴 풀에서, 기여하는 해시에 따라 보상은 균등하게 분배한다.

39. 최고가 갱신 ATH: All Time High

코인 또는 토큰이 생겨난 이후로 도달한 최고의 가격을 말한다.

40. 콜드 지갑Cold wallet

인터넷으로부터의 연결이 끊겨있어 암호화폐를 안전하게 보관할 수 있게끔 디자인 된 하드웨어 지갑이라 한다.

41. 탈중앙화된 자치 조직DAO: Decentralized Autonomous Organization

DAO는 사람의 개입 없이 비즈니스를 운영하는 회사를 말한다.

42. 포크Fork

현재와 다른 버전의 블록체인을 말한다. 하나의 채굴자또는 단체
가 해시 파워를 너무 많이 가지거나, 시스템 에러에 의해 생겨날
수 있다. 또한, 새로운 프로토콜이 소개될 때 의도적으로 포크가
일어나기도 한다.

43. 펌프Pump

암호화폐의 급격한 가격 인상을 말한다.

44. 펌프 & 덤프Pump and Dump

알트코인 낮은 마켓캡을 가지는 암호화폐 시장에서 많이 보이는
현상으로, 코인의 가치가 급격하게 상승하고 급격하게 하락하는
현상을 말한다.

45. 핀테크FinTech: Financial Technology

블록체인 기술을 이용하여 금융, 통화, 은행 업무를 최적화 시키
는 것을 말한다. 핀테크는 스마트폰, 인터넷을 통해 간편하게 금
융 업무를 처리할 수 있도록 하는 기능이다.

46. 하락장Bear Market

기나긴 시장의 하락을 말한다. 상승장과 반대 뜻을 가진다.

47. 하드 포크Hard Fork

기존의 유효하지 않은 거래를 유효하게 하거나 반대로 기존의 유효한 거래를 유효하지 않게 만드는 포크이다. 하드 포크가 이루어지면 모든 노드 및 사용자가 최신 통신규약protocol 소프트웨어로 업데이트를 필수로 해야한다.

48. 해시Hash

아주 복잡한 수학 공식을 통해 생겨난 컴퓨터 키로, 아주 많은 양의 정보를 가지고 있다. 두개의 동일한 해시라는 것은 존재 할 수 없으며 해시는 바뀌지 않는다.

49. DYORDo your own research

정보에 대한 검증을 스스로 하라는 뜻한다. 다른 사람의 분석을 곧이곧대로 믿기보다는 스스로 정보를 찾아서 확인하라는 뜻이다.

50. FOMOFear of Missing Out

급격한 가치의 상승이 있을 때 재화를 급하게 사는 행위를 말한다. 이는 FOMO에 의해 인위적으로 높은 가격이 형성되고 이에 대한 조정이 오고 있다는 것을 의미한다.

51. FUDFear Uncertainty Doubt

Fear공포, Uncertainty불확실성, Doubt의심의 줄임말로, 시장 가격에 영향을 주기 위해 몇몇 독립체들

52. GPU Graphics Processing Unit

Graphic processing unit. 컴퓨터 게임의 그래픽을 시각화하기 위해 필요한 복잡한 수학적 계산을 하는 전용 실리콘 칩이다.

53. Microtransaction

한 곳에서 다른 곳으로 아주 작은 양의 비트코인을 전송하는 행위를 말한다.

54. Oracles

Oracles는 스마트 계약서에 데이터를 제공함으로써 실세계와 블록체인을 이어주는 다리역할을 한다.

55. Rally

재화, 시장, 인덱스의 가치가 꾸준히 오르는 기간을 말한다.

56. Rekt

"Wrecked"와 관련되어 유저의 오타로부터 나온 용어이다. '망했다' 정도로 해석할 수 있고, 투자자가 암호화폐의 가격 하락 때문에 돈을 모두 잃은 상황 등에서 쓰인다.

57. Solidity

스마트 계약서를 개발하기 위해 이더리움 팀이 쓰고 있는 프로그래밍 언어이다.

출처 : 구글 사이트에서 인용 및 재 정리

블록체인 이해와 암호화폐

초판 1쇄 발행 2018년 11월   5일
초판 1쇄 발행 2018년 11월 10일

저   자 박정환 · 좌봉두
펴 낸 이 임 순 재
펴 낸 곳 (주)한올출판사
등   록 제11-403호
주   소 서울시 마포구 모래내로 83(성산동, 한올빌딩 3층)
전   화 (02)376-4298(대표)
팩   스 (02)302-8073
홈 페 이 지 www.hanol.co.kr
e - 메 일 hanol@hanol.co.kr
ISBN 979-11-5685-731-0